Löffler · Unsere Spiritualität entdecken und feiern

Begleiten – Beraten – Heilen

Herausgegeben von
Andreas Hess, Wunibald Müller und Lorenz Wachinger

Die Praktische Theologie ist herausgefordert, ihren Kontakt zur modernen Psychotherapie einzusetzen: In der Pastoralpsychologie verbinden sich christlicher Glaube und psychologische Erfahrung. Der Impuls Jesu verpflichtet uns, seine frohe und heilende Botschaft heute so zu verkünden, daß sie die Sorgen und Nöte der Menschen aufgreift und zu lindern versucht. Inhaltlich und äußerlich bunter und erweitert setzt „Begleiten – Beraten – Heilen" die erfolgreiche Reihe „Heilende Seelsorge" fort. Sie vermittelt psychologisches Wissen, Praxisreflexionen und konkrete Hilfe für die Seelsorgsarbeit und die persönliche Lebensgestaltung. Sie macht Mut zu heilendem Reden und Handeln und spricht alle an, die sich in pastoralen und karitativen Arbeitsfeldern engagieren und die psychologischen Erkenntnisse und Erfahrungen für ihre Arbeit und für ihr persönliches (Glaubens-)Leben nutzen möchten.

Irene Löffler

Unsere Spiritualität entdecken und feiern

Arbeit mit Frauengruppen

Matthias-Grünewald-Verlag · Mainz

Der Matthias-Grünewald-Verlag ist Mitglied der Verlagsgruppe engagement

Die Deutsche Bibliothek – CIP-Einheitsaufnahme

Löffler, Irene:
Unsere Spiritualität entdecken und feiern : Arbeit mit Frauengruppen / Irene Löffler. – Mainz : Matthias-Grünewald-Verl., 1996
(Begleiten – Beraten – Heilen)
ISBN 3-7867-1938-1

Umschlag: Kirsch & Buckel Grafik-Design GmbH, Wiesbaden, unter Verwendung eines Bildes von Andrea Nagel, Augsburg
Satz: Manfred Werkmeister, Mainz
Druck und Bindung: Wagner, Nördlingen
ISBN 3-7867-1938-1

Inhalt

DOÑA PROEZA: O Sag! So war es denn gestattet? Diese Liebe der Geschöpfe eines zum anderen, so ist es denn wahr, daß Gott darob nicht eifersüchtig ist? Der Mann in den Armen des Weibes ...
DER SCHUTZENGEL: Wie wäre er eifersüchtig auf sein eigenes Werk? Und wie hätte er etwas geschaffen, das ihm nicht dient? DOÑA PROEZA: Der Mann in den Armen des Weibes vergißt Gott.
DER SCHUTZENGEL: Kann er ihn vergessen, während er bei ihm weilt? Kann fern von Gott sein, wer einbezogen ist in das Geheimnis seines Erschaffens. Und wieder für einen kurzen Augenblick die Edenspforte betritt durch das Tor der Demütigung und des Todes? DOÑA PROEZA: Ist Liebe außerhalb des Sakraments nicht Sünde? DER SCHUTZENGEL: Sogar die Sünde! Auch die Sünde muß dienen. DOÑA PROEZA: So war es gut, daß er mich liebte? DER SCHUTZENGEL: Gut war es, daß du ihn Sehnsucht lehrtest. DOÑA PROEZA: Sehnsucht nach einem Wahn, nach einem Schatten, der ihm ewig entflieht? DER SCHUTZENGEL: Sehnsucht sehnt sich nach Sein. Wahn ist Nichtsein. Sehnsucht, durch Wahn hin, lebt sich nach Sein, durch Nichtsein hin.
Paul Claudel „Der Seidene Schuh“

0. Ein Wort zuvor

„Sobald der reine Wille in uns liegt, das Göttliche zu suchen, so ist die Religion da, von der ich meine, daß sie den Menschen allein entwickeln könne ..." (Bettina Brentano, Die Günderode 517)

Dieses Buch ist aus der Arbeit mit Frauen erwachsen. Mein Arbeitsbereich ist die Frauenseelsorge, ich arbeite auch als Referentin für katholische Verbände wie dem Katholischen Deutschen Frauenbund. Außerdem arbeite ich gern ökumenisch, mein Schwerpunkt ist der Weltgebetstag der Frauen.
Ich verstehe unter Frauenseelsorge alle Seelsorge, die Frauen betrifft, d.i. Seelsorge von Frauen und Seelsorge mit Frauen. Wo Frauen einander oder Kinder und Männer trösten, begleiten, sie beraten, ihnen zuhören und so anderen Menschen ermöglichen, näher zu sich selbst zu kommen, geschieht Frauenseelsorge. Mir geht es hier in erster Linie um die Seelsorge von Frauen an Frauen: Frauen unterstützen und trösten einander, sie teilen ihre Freuden und Leiden – oft lange Jahre ihres Lebens. Frauen können anderen Frauen ermöglichen, positive Bilder von sich selbst zu gewinnen. Dies entspricht nicht dem Bild, das unsere Gesellschaft von Frauen hat und auch nicht dem ihnen oft vermittelten Gottesbild. Im Gottesbild, das Rut von Noomi lernte, wird die Gottheit beschrieben, die Frauen ermöglicht, zu sich selbst zu kommen, Gott wirkt „als Quelle ihrer Existenz, der ihnen zu neuer Sprache verhilft, der sie aus ihrer namenlosen Existenz, aus ihrer Existenz ohne Gesicht und ohne eigene Stimme befreit." (Halkes 1985, 145)
Dieses Buch könnte allen, die mit Frauen arbeiten, Anstoß zur Selbstreflexion geben. Mein Schwerpunkt liegt dabei auf dem Erleben der eigenen Spiritualität.
Es ist ein Buch der Auseinandersetzung. Ich selbst muß mich jeden Tag neu zusammensetzen, da ich als verheiratete Theo-

login berufstätig bin, als Co-Leiterin der Geschäftsstelle der Arbeitsgemeinschaft Frauenseelsorge Bayern. Diese Stelle teile ich mit Dr. Birgit Schneider. Außerdem bin ich Mutter von Katharina (11) und Philipp (9), Tochter, Nichte, Schwester, Freundin, Wissenschaftlerin, Mitglied der Europäischen Gesellschaft für theologische Forschung von Frauen, interessiert an Frauengeschichte und deshalb in einem Frauengeschichtskreis usw.

Um mir immer wieder meiner selbst bewußt zu werden und zu bleiben, brauche ich es, in die Tiefe zu gehen. Mir ist es ein großes Bedürfnis, mein Leben zu feiern. Deshalb nehmen in diesem Buch Feiern des Lebens-not-wendigen einen großen Raum ein. Mir fällt bei kirchlich wie nichtkirchlich engagierten Frauen eine große Sehnsucht danach auf, in Riten auszudrücken, was sie wirklich angeht. Da ich aus der christlichen Tradition komme, beschreibe ich solche Rituale, in unserem Sprachgebrauch Gottesdienste. Mir helfen sie, so zu leben, daß mein Leben in jedem Augenblick neu mein eigenes Leben ist.

Meine Ideen zu diesen Feiern könnten Frauen und Männern eine Hilfe sein, die aus der Erarbeitung eines Bibeltextes oder eines (Frauen-)Themas zu einem Gottesdienst kommen wollen. Das kann sowohl der Wortgottesdienst einer Eucharistiefeier sein als auch ein eigener Wortgottesdienst. Ich nenne diese Ideen „Anregungen für unsere Spiritualität". Im Punkt „Von der Umsetzung der Bilder" steht deshalb eine Einführung in die Gottesdienstvorbereitung, sozusagen ein Korsett, das Ungeübten Hilfe zum Einstieg geben kann. Ist dieser Einstieg geschafft, so ist es wichtig, der eigenen inneren Stimme zu folgen, um die Übungen, Texte, Bilder, Tänze ... zu finden, die einer/m selbst bzw. der jeweiligen Gruppe guttun. So verstehe ich auch alle meine Texte: Nehmen Sie sich heraus, was Ihnen guttut, lassen Sie weg, was Ihnen nichts bedeutet.

Dies entspricht dem Ziel meines Buches: der Selbstwerdung der Frauen. Um sie selbst zu werden, brauchen es Frauen, sich selbst und andere Frauen sichtbar zu machen.

Ich gehe davon aus: Frauen sind religiös kompetent. Wenn Frauen aus dieser Überzeugung heraus handeln bzw. behan-

delt werden, so hat dies Konsequenzen: Unsere Spiritualität, die je eigene der einzelnen Frauen und die Spiritualität der Christinnen durch die gesamte Christentumsgeschichte, wird ernst genommen. Nicht nur wir sind aktiv, sondern Gott wirkt in uns und durch uns. Dies zeigt das Zitat aus der Günderode. Damit Frauen zu sich selbst und zu Gott kommen können, ist Zeit für sich selbst Vorbedingung. Bettina Brentano, die Schreiberin der „Günderode", nennt diesen Vorgang „Seelenlauschen" (vgl. Keul 1993, 168 f).
Gerade heute brauchen wir es, zur Ruhe zu kommen, um hinter allem Lärm auf die Stimme Gottes und unsere eigene Stimme zu hören. Das Bild des Atmens erscheint mir hier als gutes Beispiel (vgl. Hauser 1994, 18): Atmen geschieht zuerst „ganz von selbst" – das neugeborene Kind atmet, indem es lebt, und lebt, indem es atmet. So ist es mit uns. Wir können einfach leben, so wie wir atmen, ohne uns bewußt zu machen, was wir tun. Wenn wir aber bewußt leben, zu uns selbst kommen wollen, so sind dazu verschiedene Schritte nötig:

1. *Mir meine eigene Situation bewußt machen,*
2. *in der (Glaubens-)geschichte nach Übereinstimmungen suchen, zur „Berührung" kommen und*
3. *vermittelt durch die Begegnung mit Menschen und Gott wieder neu zu mir selbst kommen.*

In meinen Dienstjahren als Religionslehrerin erfuhr ich täglich: Es ist schwer, meinen Glauben an Gott weiterzuvermitteln. Als Frau in verschiedensten Frauen- und Lebensbezügen merke ich: Nicht nur mich treibt die Gottesfrage und ihre Vermittelbarkeit um. Vielen Frauen und Männern geht es wie mir. Sie erleben Gott als „Lebens"macht. Doch sie verspüren „Ohn"macht, wenn sie anderen diesen Lebens„grund" vermitteln wollen.
Ein schmerzliches Erlebnis war für mich eine Begegnung von Frauen aus Ost- und Westdeutschland. Eine Sprache der Verständigung zu finden, fiel uns unglaublich schwer: Verständigungsschwierigkeiten hatten wir aufgrund verschiedener Alter und aufgrund einer anderen Glaubens- und Lebensgeschichte in zwei verschiedenen deutschen Staaten. Kirche be-

deutete für die älteren Frauen aus dem Osten und Westen: die Stütze in schwerer Zeit. Viele, v.a. jüngere Frauen aus Ost und West erfuhren Kirche als Einengung, für sie ist das Ideal der befreienden Kirche weit weg von seiner Einlösung. Wir schoben das Thema des Wochenendes beiseite und nahmen uns Zeit zum Gespräch.
Ich war nicht mehr als Referentin gefragt, sondern „nur" noch als Mensch. Mir wurde klar, daß wir nicht durch Theorien weiterkommen, sondern nur, indem wir an unseren Erfahrungen arbeiten. Doch wie? Auf welchem Hintergrund können uns unsere Erfahrungen zu Gotteserfahrungen, zu Gottesbegegnungen werden? Der Ansatz, der mich persönlich am meisten überzeugt, wird von Hildegund Keul vorgestellt:
„Der Kern der Religion besteht nach Brentano-Arnim darin, *daß jede Person sich selbst zu Tage fördert.* ... Die Frau steht vor der Aufgabe, die widersprüchlichen Erfahrungen ihres Lebens zusammenzufügen. Sie braucht die Weisheit der Alten Weberin, die *das Einzelne und das Ganze zugleich in den Blick nimmt und miteinander verwebt.*" (Keul 1993, 316)
Dieses Zitat macht deutlich, worum es mir in diesem Buch geht:
1. Es geht um Frauen in ihren Beziehungen, letztlich in ihrer Freundinnenschaft mit Gott. Durch die Nähe der jeweiligen Frau zu Gott ist sie in der Lage, echte Beziehungen zu ihren Mitmenschen aufzubauen und zu leben. Es geht also um Kontemplation und Aktion, um Hören und Sprechen.
2. Bettina von Arnim „traute" sich mit ihrer Freundin Caroline von Günderode in Berührung zu kommen. In ihrem Buch „Die Günderode" entwickelt sie eine Theologie, die sie „Schwebereligion" nennt. Hildegund Keul bringt die *Verbindung der Frau mit sich selbst, den anderen und Gott* kurz auf den Nenner:
„Die Frau sieht die Welt mit ihren Augen, benennt sie mit ihren Worten und gestaltet sie mit ihren Händen. ... Die Religion beharrt darauf, daß jede Person ihr eigenes Leben lebt. ... Indem die Frau das Land der Phantasie entdeckt, findet sie zu den Möglichkeiten ihres Lebens." (Keul 1993, 373 f)
Hildegund Keul zeigt auf, daß *Frauen ihre Erfahrungen selbst benennen* können – indem sie *ihre eigene Geschichte als Frau-*

engeschichte entdecken und einklagen: Wunderschön ist der Vergleich mit einer „leidenschaftlichen Tänzerin“ – wie Brentano-Arnim die Seele bezeichnet: „Die Tänzerin ist Symbol für die Frau, die ihr Leben als ihr eigenes Leben begreift. Sie läßt sich nicht aufsaugen von Beziehungen ..., sie kapselt sich auch nicht ab. ... in jeder Berührung auf andere zu muß sie erneut mit sich selbst in Berührung kommen, sonst verliert sie das Gleichgewicht und fällt aus dem Rhythmus.“ (Keul 1993, 378 f). Diese Beschreibung zeigt, wie gut dieser Ansatz die Lebenssituation heutiger Frauen trifft, die in einer Studie so beschrieben wird:

„Frauen leben heute in einer Vielfalt von Lebenssituationen und Lebensformen: Sie leben in Partnerschaften in oder außerhalb der Ehe, sie erziehen Kinder mit oder ohne Partner. Sie leben in Kleinfamilien, in Mehrgenerationenfamilien ... oder allein. Sie sind erwerbstätig in Voll- oder Teilzeit ... sind aus freier Wahl oder unfreiwillig ... erwerbslos. Viele Frauen durchlaufen in ihrer individuellen Geschichte nacheinander verschiedene Lebensformen. Dabei ist die jeweilige Lebensform oft das Ergebnis eines Abwägungsprozesses zwischen eigenen Wünschen nach persönlicher Entfaltung, den Bedürfnissen der Kinder und des Partners und den gesellschaftlich bedingten sowie den gesellschaftlich favorisierten Möglichkeiten der Lebensgestaltung.“ (Anmerkungen zu einer Allensbacher Repräsentativuntersuchung 1994, 7)

Entsprechend dieser Verschiedenheit der Lebensformen von Frauen macht heutige Frauenarbeit, wie die Frauenseelsorge, konkrete Angebote, Frauen bei ihrer Selbstwerdung zu unterstützen.

Sie ist:

- eine Möglichkeit für Frauen, Lebensgeschichte von Frauen in der Kirche zu gestalten und zu reflektieren;
- Glaubensverkündigung und Glaubenserfahrung.

Sie muß

- sich bewußt machen, mit welchem Ziel sie arbeitet, d.h. ihre Arbeit immer wieder reflektieren;
- sich korrigieren lassen von der befreienden Botschaft Jesu Christi.

Um diese Aufgaben erfüllen zu können, muß sie von den kon-

kreten Erfahrungen der Frauen ausgehen, mit denen sie arbeitet. Wie wir heute leben, ist eine Konsequenz unserer Lebensgeschichte in Beziehung zu anderen. Mit Carter Heyward ist Jesus der, der uns hilft, unser Leben zu „entwerfen": „... jemand, in dessen Seinsweise ich Kraft sehe, die Kraft der Gerechtigkeit, der gerechten Beziehung". (Carter Heyward 1986, 83) Als Frauen können wir uns jedoch nicht auf Jesus als einziges Vorbild beziehen, sondern wir brauchen es, weibliche Lebensgeschichten zu betrachten, uns an ihnen zu reiben, sie und uns selbst zur Sprache zu bringen.
Davon geht auch Candace Carter aus, die mir die Bilder ihres Frauenaltars als Illustrationen für dieses Buch zur Verfügung gestellt hat. Dafür möchte ich ihr herzlich danken. Auf einzelne Teile dieses Altares werde ich in verschiedenen Kapiteln Bezug nehmen. Die Schwarz-Weiß-Aufnahmen werden dem Altar nicht gerecht, Farbfotos können bei der Geschäftsstelle der Arbeitsgemeinschaft Frauenseelsorge Bayern bestellt werden.
Danken möchte ich auch meinen Freundinnen und Kolleginnen für ihre Ermutigung und Unterstützung beim Schreiben dieses Buches. Unter ihnen vor allem Wiltrud Huml. Sie ist mir ständiger Ansporn, Frauen zu fördern und das „Mehr" in jeder und jedem anderen anzuerkennen. Herzlich danke ich auch Irmingard Tiller, die Korrektur gelesen hat und mich dazu herausforderte, meinen Stil zu verbessern. Hildegund Keul hat die schöne Formulierung „Allen Freundinnen meines Lebens" schon benutzt, deshalb möchte ich dieses Buch all denen widmen, denen ich bei Tagungen der Europäischen Gesellschaft für theologische Forschung von Frauen und der AG Feminismus und Kirche und nicht zuletzt bei Veranstaltungen der Frauenseelsorge begegnen durfte und deren Forschungen und Erfahrungen mich vorangebracht haben. Danken will ich außerdem meinen Kindern Katharina und Philipp und meinem Mann Wolfgang für ihr Verständnis – und ihre Geduld mit mir.

Friedberg, im Mai 1996 *Irene Löffler*

1. Situationsbeschreibung

In diesem Kapitel geht es darum, die Situation der Frauen zu beschreiben, die früher als „Objekte der Seelsorge“ bezeichnet wurden. Nicht jede Frau will selbst eine Gruppe leiten, aber jede Frau kann ihr Leben selbst in die Hand nehmen. Frauen, die zu kirchlichen Frauenveranstaltungen kommen, werden in ihrer jeweiligen Eigenart und mit ihrer je eigenen Geschichte wahrgenommen. Sie sind „Subjekte der Seelsorge“, wenn sie selbst und die in der Frauenarbeit Tätigen ihre Blickrichtung ändern und sie wahrnehmen als Sorgende – für sich selbst und andere statt als Zu-Versorgende.

a. Wie kommen Frauen zur Sprache?

Frauen machen viele Erfahrungen mit sich und anderen in Gesellschaft und Kirche. Ihr Selbstverständnis und ihre Selbsteinschätzung bewirken ihr Verhalten in den verschiedenen Lebenssituationen. Was ich hier meine, drückt Irene Kummer so aus: „Unsere Geschichte ist immer eine Liebes-Geschichte“, das heißt: Wir formen uns in bezug auf uns selbst, die anderen Menschen und Gott. Wer in der kirchlichen Frauenarbeit arbeitet, hat für sich die Frage: „Brauchen Frauen die Kirche?“ mit „ja“ beantwortet. Das muß jedoch nicht heißen, daß es dieser Frau oder diesem Mann gelingt, ihre/seine Entscheidung an die Frauen weiterzugeben, mit denen sie/er arbeitet. Außerdem sagt eine solche Vorentscheidung noch nichts darüber aus, wie Frausein und Kirche hier definiert werden. Alle, die mit Frauen arbeiten, sollten sich über ihr eigenes Vorverständnis immer wieder klar werden, damit sie den Frauen gerecht werden, denen sie in ihrer Arbeit begegnen.

Zu Ihrer Arbeit mit diesem Buch:
Ich schlage in diesem Buch verschiedene Übungen vor, da ich „Gewissenserforschungen“ hilfreich finde, um an und mit mir zu arbeiten.

Verändern Sie die Wortwahl und Methoden nach Ihren Bedürfnissen!
Diese Übungen sollten Sie festhalten, damit Sie bei späteren Reflexionen daran anknüpfen können. Sie können sie schriftlich machen – oder manche Fragen mit kurzen Geschichten beantworten. Sie können auch versuchen, sie mit ihrem Körper darzustellen, und Ihre Empfindungen aufschreiben. Außerdem können Sie malen, was Sie auf die einzelnen Fragen antworten möchten, z.B. Ihr Selbstbild oder das Beziehungsgefüge, in dem Sie stehen. Meiner Meinung nach kann Frauenseelsorge nicht im Alleingang gemacht werden. Deshalb sollten solche Reflexionen in Gruppen besprochen werden. Suchen Sie sich Frauen, denen Sie vertrauen können. Wie kann Ihre Arbeit für Frauen relevant werden, wenn Sie nicht mit Frauen arbeiten und reflektieren?

Wie kommen also Frauen zur Sprache? Indem sie sich selbst befragen über ihr Leben, indem sie ermutigt werden, sich mit sich selbst zu beschäftigen und sich selbst in den Mittelpunkt ihres Nachdenkens zu stellen.

Übung:

Fragen Sie sich immer wieder einmal:

1. *Wer bin ich – hier und heute?*
   Welche Beziehungen haben mich bestimmt – bestimmen mich?
   Wie fühle ich mich heute?
2. *Was bedeutet mir heute mein Frau-sein – mein Mannsein?*
   Fühle ich mich eingeengt durch meine Körperlichkeit?
   Was würde sich für mich ändern, wenn ich Mann / Frau wäre?
   Wie hätte wohl meine Lebensgeschichte ausgesehen, wenn ich als Mann / Frau geboren wäre?
3. *Wie denke ich heute über meinen Weg mit der Kirche?*
   Wo stehe ich heute in der Kirche?
   Wo glaube ich, führt mich mein Weg hin?
4. *In bezug auf Ihre Arbeit sollten Sie sich fragen:*

Welche Voraussetzungen habe ich angetroffen, als ich mit meiner Arbeit begann?
Was hat sich verändert, und in welchen Beziehungen stehe ich heute?
Welche Ziele habe ich erreicht? Welche Ziele verändert?
Was will ich letztendlich mit meiner Arbeit erreichen?

5. *Wer ist Gott heute für mich?*
Welche Geschichte habe ich mit Gott, und welche Bilder waren und sind mir wesentlich?

Frauen kommen zur Sprache, indem sie sich zusammenschließen. „Gerade weil die männlich dominierte Sprache und Kultur als Kolonisierung der Frauen wirkte und ihnen ihr eigenes gleichberechtigtes Menschsein nicht gestattete, brauchen Frauen zunächst einen abgegrenzten Bereich, um sich wieder zu entdecken, kollektiv und individuell. Dies geht im Aufdecken und Benennen der vielfältigen Formen von Unterdrückung nicht ohne Wut ab, ein heilsamer Zorn, der aus dem Opferstatus heraushilft.“ (Dorst 1991, 37)
Dieser Zusammenschluß der Frauen in Frauengruppen kann ein erster Schritt sein zur Selbstfindung, ich glaube aber, es ist etwas, was immer geschehen ist und was Frauen auf Dauer brauchen. Wir brauchen Menschen, die uns gut tun und denen wir gut tun – und diese Beziehungen brauchen Kontinuität. Doch viele Frauen grenzen sich von anderen Frauen ab, haben Angst, Probleme mit ihren Männern zu bekommen oder den Anfeindungen anderer Frauen in der Frauengruppe nicht gewachsen zu sein. Es müssen nicht Frauengruppen sein, in denen Frauen besonders gut zur Sprache kommen können, ich glaube aber, daß Frauengruppen besonders gute Voraussetzungen bieten, Frauen zur Sprache kommen zu lassen, denn wir Frauen machen als Frauen in unserer Gesellschaft Erfahrungen, die Männer so nicht machen.
In Frauengruppen oder in Begegnungen von Frauen kann es passieren, daß es nicht zu einem wirklichen Gespräch kommt. „Im Gespräch von Frauen miteinander habe ich häufig die Erfahrung gemacht, daß Frauen davor zurückschrecken, eine Antwort zu geben. Was eine Frau sagt, soll so stehen bleiben, wie es gesagt wurde. Dieses Verhalten ist vor dem Hinter-

grund der Trivialisierung dessen, was Frauen sagen, verständlich. Trotzdem denke ich, daß Frauen sich mit ihrer Zurückhaltung der Möglichkeit des Gesprächs berauben. Es herrscht eine doppelte Angst: die Angst, andere zu verletzen oder selbst kritisiert und verletzt zu werden. Wo jedoch nicht nach einer Antwort gesucht oder eine Antwort unterdrückt wird, da wird eine Berührung verhindert." (Keul 1993, 316)
Dieses Verstummen von uns Frauen möchte ich auflösen. Ich denke, wenn wir offener zueinander sind, unsere Gefühle uns selbst und den anderen eingestehen, dann wird unsere Arbeit für uns und andere befriedigender – und befreiend(er).

b. Wer begegnet uns in der Frauenarbeit?

Wer mit kirchlich gebundenen Frauen arbeitet, wird mit Erfahrungen konfrontiert, wie z.B.: „Ich habe mein ganzes Leben in meiner Heimatpfarrei verbracht. Seit 25 Jahren arbeite ich im Pfarrgemeinderat mit. Ich weiß, was in unserer Kirchengemeinde passiert und wo Kirche benötigt wird. Unser Pfarrer braucht ab und zu kleine Hinweise, damit er nicht in Fettnäpfchen tritt oder unverzeihliche Fehler begeht. Ich halte mich im Hintergrund, aber letztlich bestimme ich viel von dem, was an kirchlichem Leben in unserer Pfarrei läuft. Seit Jahren wollten sie mich zur Pfarrgemeinderatsvorsitzenden machen. Aber als Frau ist es nicht so einfach, in der Öffentlichkeit zu reden, deshalb habe ich meinen Mann gebeten, den Vorsitz zu übernehmen. Nachdem sowohl der Pfarrer als auch viele aus der Gemeinde mir zugeredet haben, den Vorsitz zu übernehmen, bin ich jetzt seit einem Jahr selbst Pfarrgemeinderatsvorsitzende." (eine fünfzigjährige Frau)
„Was mich aufregt, ist, daß sich die Pfarrer so uneins sind. Wenn ich dem einen beichte, daß ich die Pille nehme, findet er es gut, der nächste verweigert mir die Lossprechung. Ich selbst weiß nicht so recht, wem ich glauben sollte. Deshalb halte ich mich an das, was für mich möglich ist (Kraft für noch mehr Kinder habe ich nicht)." (eine vierzigjährige Frau)
„Für mich haben Glauben und Kirche nicht mehr viel miteinander zu tun. Ich glaube an Gott, und er ist mir sehr wichtig.

Aber vieles in den Gemeindegottesdiensten bei uns stört mich. Sie bringen mir nicht viel. Deshalb suche ich mir Gottesdienste, die mir Raum geben für Mitgestaltung. Das kann ich vor allem mit anderen Frauen, z.B. beim Weltgebetstag. Ich fühle mich bei unseren Tänzen oder auch im freien Gebet aufgehoben. In der Pfarrei habe ich immer das Gefühl, jeder ist eine Insel. In Frauengottesdiensten fühle ich mich mit den anderen im Einklang.“ (eine fünfzigjährige Frau)
„Für mich ist die Vorbereitung des Weltgebetstages der Frauen der Höhepunkt des Kirchenjahres. Wir bereiten diesen Gottesdienst sehr intensiv vor, beschäftigen uns mit dem entsprechenden Land, vertiefen das theologische Thema und suchen Elemente, in denen wir uns selbst in den Gottesdienst einbringen können. Oft haben wir viel zu viel Ideen für eine Stunde – es hat sich herausgestellt, daß die Elemente eine Einheit bilden müssen, damit der Gottesdienst ankommt.“ (eine dreißigjährige Frau)
In bezug auf ihre Vorerfahrungen mit Kirche trifft kirchliche Frauenarbeit heute – grob vereinfacht – auf folgende Gruppierungen von Frauen:

1. Frauen, für die Glaube und Kirche identisch sind:
Diese Frauen sind in einer Umwelt aufgewachsen, in der es selbstverständlich war, am Sonntag in die Kirche zu gehen, und die kirchlichen Moralvorstellungen sind für sie Richtschnur ihres Handelns. Das heißt nicht, daß sie nicht in Einzelfällen ihre Vernunft/ihr Gewissen sprechen lassen und dies über die kirchlichen Verlautbarungen stellen. Sie erwarten von heutiger Seelsorge Bestärkung in ihrem Glauben. Wenn ihre Selbstverständlichkeiten in Frage gestellt werden, so reagieren sie verunsichert. Es gelingt ihnen nicht, ihre Art zu Glauben an die jüngere Generation weiterzuvermitteln. Dies trifft sie tief, und sie machen es zu ihrem persönlichen Problem. Sie fühlen sich z.B. schuldig, wenn ihre – erwachsenen – Kinder am Sonntag nicht zur Kirche gehen. Sicher ist es für diese Frauen erlösend, ihre Erfahrungen mit anderen Frauen auszutauschen. Dabei erkennen sie, daß auch die heutige gesellschaftliche Situation Ursache der schwierigen Glaubensvermittlung ist. Diese Gruppe von Frauen erwartet von der

Frauenseelsorge Anregungen für ihr geistliches Leben, Bestätigung und Lebenshilfe aus dem Glauben. Die feministische Theologie bzw. Gedanken von feministischen Theologinnen empfinden sie oft ebenso als Bedrohung wie die verschiedenen Meinungen von Priestern.

2. Frauen, die auf Distanz zur Pfarrgemeinde gehen, denen aber ihr Glaube sehr wichtig ist. Angestoßen durch schlechte Erfahrungen mit Mitchristen und der Institution Kirche, haben diese Frauen Abstand zur Kirche genommen. Ihre Kritik an der Institution führt jedoch nicht zur völligen Abkehr. So sind sie in (Frauen-)verbänden tätig oder engagieren sich vor Ort in kirchlichen Gruppen, z.B. bei der Vorbereitung der Kindergottesdienste. Denn sie halten die religiöse Erziehung ihrer Kinder für wichtig und sind bereit, sich dafür zu engagieren, z.B. als Kommunionmütter. Sie gehören zu denen, die den Gottesdienst mehr oder minder regelmäßig besuchen. Diese Frauen brauchen unbedingt Gruppen, wo sie Strategien entwickeln, wie sie täglich neu ihre Befreiung und die Befreiung anderer leben und anstoßen können. Solche Gruppen können von der Frauenseelsorge oder den Frauenverbänden initiiert werden. Frauen sollten von ihnen ermutigt werden, neue Gruppen zu gründen – sich Frauen zu suchen, die so denken wie sie. Es könnten ökumenische Frauengruppen sein, die sich, wie an meinem früheren Wohnort Mering, als Ergebnis der gemeinsamen Vorbereitung des Weltgebetstages gefunden haben.

3. Frauen, denen Kirche nichts mehr bedeutet. Solche Frauen haben keinen Kontakt mehr zur Kirchengemeinde. Diese Frauen schicken zwar meist ihre Kinder in den Religionsunterricht bzw. zu den Sakramenten, aber sie können mit Kirche, wie sie sich heute zeigt, nur noch wenig anfangen. Sie ziehen lautlos aus. Dies bedeutet nicht, daß sie keine Sinnfragen stellen oder keine Religion bräuchten. Es heißt nur, daß sie in ihren Pfarreien nicht die geeigneten Antworten auf ihre Fragen finden. Daß ihnen besonders die Angebote der Frauenseelsorge gelten, bringen die deutschen Bischöfe 1981 zum Ausdruck: „Frauenseelsorge gilt besonders den Frauen in Glaubens- und Lebensnot, Frauen, die nach Neuorientierung suchen, Frauen, die sich von der Kirche distanziert haben. Frauenseelsorge und Frauenverbände sollten eine vordringliche Aufgabe darin sehen, ihnen zu helfen und sie für ein bewußtes Leben in und mit der Kirche zu gewinnen." (Zu Fragen der Stellung der Frau in Kirche und Gesellschaft 1.4) Dabei sollte der Frauenseelsorge hier nicht „der schwarze Peter" zugeschoben werden, sondern Kirche sollte auf allen Ebenen frauenfreundlicher werden und sich Selbstverpflichtungen auferlegen, damit sie wirklich „Modell für das gleichwertige und partnerschaftliche Zusammenleben und -wirken von Männern und Frauen" sein kann, wie es das Wort der Bischöfe in III, 1 vorschlägt. Die ökumenische Dekade, an der sich auch die katholische Kirche beteiligt, fühlt sich diesem Ziel verpflichtet.

4. Frauen an neuen Orten.

Eine letzte Gruppierung von Frauen sucht sich andere Orte, wo sie ihre weibliche Spiritualität leben kann, die z.B. mit Schlagworten wie „neue Hexenbewegung" belegt werden. Sie suchen in der Vergangenheit nach religiösen Formen, die sie stärken. Diese finden sie in der Rekonstruktion des Matriarchates, in der Beschäftigung mit Göttinnen und in Märchen und Mythen. Die Auseinandersetzung mit weiblichen Symbolen durch die Menschheitsgeschichte kann auch uns Frauen heute Selbstbewußtsein geben. In unserer religiösen Tradition ist viel verlorengegangen, nicht nur im „Kampf mit dem Heidentum". Es sind viele Berührungspunkte, die Frauen in christlicher Tradition und Frauen, die aus dieser Tradition ausgestiegen sind, haben können, wie die Beschäftigung mit den Bethen oder der hl. Kümmernis zeigt.

Das Wort „bethen" leitet sich von den „Bethen" ab, den drei Matronen des keltischen und später römischen Kultus, wie er vor allem um Bonn, Worms und in Südtirol um Brixen lebendig war. Als Bethen werden die unter verschiedenen, aber ähnlich lautenden Namen verehrten „Ainbet, Wolbet und Vilbet" bezeichnet. In Bayern gab es ihre Verehrung z.B. in Schlehdorf, besonders bekannt sind ihre Darstellungen in Meransen, wo sie „Cubet, Aubet und Guerre" genannt werden und

im Wormser Dom. In der Volksfrömmigkeit werden bzw. wurden sie wie Göttinnen verehrt – im Heiligenkalender kommen sie als Fides, Spes und Caritas, Glaube, Hoffnung und Liebe – oder als Irene, Agape und Chionia vor. Die heilige Kümmernis ist eine weibliche Heilige am Kreuz, deren historische Existenz bezweifelt werden kann, manchmal wird sie als eine der drei Bethen verehrt. In der Volksfrömmigkeit spielt sie gerade für Frauen eine große Rolle, ebenso wie die Bethen.
Der starke Zulauf zu Vorträgen, z.B. von Luisa Francia, macht deutlich, daß viele Frauen auf der Suche nach einer ihnen gemäßen Art, Religion zu leben, sind. Wenn sie diese in der Kirche nicht finden, so bietet sich heute eine Vielfalt von Angeboten. Wir machen es uns zu einfach, wenn wir die Gruppen von Frauen, die auf ihre Art Religion leben wollen, in die Esoterikecke abschieben. Für viele Frauen bieten die verschiedenen von der „Göttinnenreligion" beeinflußten Formen weiblicher Spiritualität eine echte Alternative, denn sie erleben die Göttin als ein frauenstärkendes Symbol.
Frauen, die unterwegs sind zu einer ihnen gemäßen Spiritualität, in diese vier Gruppen einzuteilen, läßt mich nicht ganz glücklich sein. Denn eigentlich lassen sich viele Frauen nicht in diese Schubladen sperren. Andrea Schulenburg drückt es mit dem Bild aus, daß etliche Frauen herausquellen aus diesen Schubladen: „Es widerstrebt mir mehr und mehr, z.B. die Anhängerinnen der Göttinnenreligion zu kategorisieren und bestimmte – natürlich sogenannte heidnische – Symbole mit ihnen in Verbindung zu bringen, eine andere Schublade für die ‚noch christlichen' Frauen zu öffnen, in denen dann die mit ‚dem mütterlichen Vater', die mit ‚der Heiligen Geistin' oder die, die sich an der mystischen Tradition orientierend, Gott als ‚Licht' verstanden wissen wollen, ihren Platz finden … usf. … Ihre Grenzüberschreitungen finden an den unterschiedlichsten Orten statt: Mehr oder weniger innerhalb und/ oder außerhalb kirchlicher Rahmenbedingungen – dabei sind viele drinnen, die draußen scheinen, und viele sind draußen, die drinnen scheinen. Frei-, Schutz- und Experimentierräume sind notwendig für Grenzüberschreitungen, für manche Frauen liegen diese in sich selbst, für manche müssen sie äußerlich erlebbar sein." (Schulenburg 1995, 255)

c. Wir sind unsere Geschichte

Ich glaube, daß heutige Frauenarbeit, z.B. die Arbeit der Frauenseelsorge, all diese Frauen ansprechen kann und soll. Meine Erfahrung ist, daß ich als Frau weniger Chancen in der Kirche habe als ein Mann. Frauen haben schlechtere Bedingungen als Männer, innerhalb der Kirche ihr Menschsein zu verwirklichen. Mein Maßstab sind die entscheidenden Botschaften des Christentums:
1. Frau und Mann sind nach Gottes Ebenbild geschaffen.
2. Alle Menschen haben mit der Entscheidung für die Person Jesu Christi die Möglichkeiten, ein „heiles Leben" zu leben.
Mit Carter Heyward gehe ich davon aus: „Was immer und wo sonst auch immer Gott sein oder nicht sein mag. Gott wird in menschlicher Liebe erfahren." (Carter Heyward 1986, 163, vgl. auch 44, 194) Dabei ist zu zeigen, daß menschliche Erfahrung Gotteserfahrung sein kann. Dieses Buch möchte mit Johannes Becher fragen: „Was ist das: Dieses Zu-sich-selbst-Kommen des Menschen?" (zit. nach Wolf 1978) Es bleibt nicht bei der menschlichen Dimension dieser Menschwerdung, sondern die Menschwerdung öffnet sich für Gott. Als Weg wähle ich das Gespräch mit Frauen, die uns in der Geschichte, in Bibel und Kirchengeschichte begegnen. Frauen soll dadurch die Möglichkeit gegeben werden, sich selbst in eine kirchliche Frauengeschichte einzuordnen. Es sollte in Zukunft nicht mehr nötig sein, daß Frauen in der Kirche heimatlos bleiben. Bisher feiern sie zu selten das Fest ihres Lebens und erleben zu selten die Anerkennung ihrer religiösen Kompetenz. „Wie werden Frauen dazu aufgerufen, ihr Dasein in einem größeren Zusammenhang zu feiern, wenn sie nie das Gefühl haben, sich wiederzuerkennen, wenn sie die Namen ihrer Vormütter nie hören, wenn sie ohne Stimme und ohne Gesicht bleiben, ohne Spiegelbild?" (Halkes 1985, 57) Wenn wir uns jedoch darauf besinnen, wer wir als Frauen sind, welche Erfahrungen wir haben, so gehen wir auf eine Reise, „die aus ‚Sklaverei' herausführt und Freiheit eröffnet und hinführen kann zu einer bewußten Bereitschaft, eine Vision zu teilen und die für alle Menschen eine gute und würdige Biographie ermöglicht, als Glaubens- und Lebensgeschichte." (Maaßen 1993, 215)

Diese Entscheidung für eine Glaubensgemeinschaft von Frauen und zur Partnerschaft bereiten Männern wird als „Frauenkirche" oder „Ekklesia der Frauen" (Schüssler Fiorenza) bezeichnet. Weder die Mitglieder noch eine Institution ist damit gemeint, sondern: „eine Vision oder Option ...: daß Frauen ihren eigenen Glauben gemeinsam formulieren und leben können, daß sie sich dabei als Kirche verstehen und Kirche repräsentieren". (Klein 1994, 63, vgl. Jakobs 1993, 174–181)

„Ich bin die Frau, die ich bin", so nennt Irene Kummer ihr Buch, mit dem sie Frauen helfen will, so der Untertitel „eine lebendige Beziehung zu sich und anderen zu finden". Ihre Erfahrung ist, daß in unserer Gesellschaft für Frauen und Männer unterschiedliche Geschichten erzählt werden. Diese verwirklichen wir von Kindheit an in unseren Körpern. Frauen wird es schwergemacht, ihren Selbststand zu finden. Die erzählten Geschichten orientieren sich am Mann als dem Ideal des Menschen. Orientiert an einem männlichen Ideal, können Frauen nicht zu sich selbst finden. Dies gilt in besonderem Maße für kirchlich sozialisierte Frauen und hat oft ihre Abwendung von der Kirche zur Folge.

„Was mich in ... Distanz zur Kirche gebracht hat? Nun, eigentlich ein ganz normaler Entwicklungsschritt: das Erwachsenwerden. Nur mußte ich feststellen, daß die Kirche einer Frau das Erwachsenwerden nicht zubilligt und daher sehr schwermacht. Wenn man nämlich unter Erwachsenwerden das tatsächliche Mündigwerden versteht, die Ablösung von jeglicher, noch so beschützender Fremdherrschaft, die volle Identität mit sich selbst." (Jäger 1985, 195 f)

Kirche als Volk Gottes braucht mündige Christinnen – aber sie ist zu wenig auf sie vorbereitet. Die Strukturen des Amtes und der Gemeinden sind noch zu wenig zu Strukturen gleichberechtigter Zusammenarbeit geworden. Für die einzelne Christin bedeutet dies die Verhinderung ihrer Selbständigkeit. Denn „ ... die Männer der Amtskirche ... wissen sehr genau, wie weibliches Erwachsenwerden auszusehen hat. Um dies unter Beweis zu stellen, sind die männlichen Amtsträger durch 2000 Jahre Kirchengeschichte hindurch nicht müde geworden, Wesen und Würde der Frau, ihre Aufgaben und Grenzen festzulegen." (Jäger 1985, 196)

Frauen wollen und müssen jedoch selbst herausfinden, worin ihre je eigene Berufung besteht. Bisher kamen sie oft nicht dazu, weil ihnen Wunden geschlagen wurden, die sie ablenkten – und diese Wunden werden in den sonntäglichen Gottesdiensten oft immer wieder aufgerissen. Denn dort wird von Schuld gesprochen, wo Männerschuld gemeint ist. Es wird nicht bedacht, daß Frauen und Männer in verschiedener Weise schuldig werden. Der Begriff „Mittäterschaft“ will hier die Anteile der Frauen aufdecken. „Wer das eigene Mitfunktionieren und das der anderen über alle Offensichtlichkeit hinaus ent-deckt, kann nicht mehr so gut mitfunktionieren wie zuvor.“ (Thürmer-Rohr 1990, 102)
Die Erfahrungen von Frauen kommen in unseren Eucharistiefeiern so gut wie nicht vor. Rosemary Radford Ruether spricht deshalb von eucharistischer Aushungerung. Frauen suchen nach dem Göttlichen – und es wird ihnen vorenthalten. „Sie finden keine Nahrung mehr für ihre Seelen in einem entfremdeten Gotteswort, das ihre Existenz nicht wahrnimmt oder systematisch verleugnet.“ (Ruether, 1988b, 15) Auf ihre Erlebnisse wird nicht geantwortet: Die Auswahl der Bibeltexte läßt Frauentexte weg, die ermutigend wirken könnten. Die Erfahrung von Scheidung und Trennung darf nicht sein und wird nicht mit Segnungen, „Heilungen“ begleitet. Auf die Sehnsucht von Frauen nach Antwort auf ihre Fragen und Ernstnehmen ihrer Probleme geben die Eucharistiefeiern selten Antworten. Unsere Kirche antwortet darauf mit Untersuchungen über die Situation der Frauen, aus denen keine Konsequenzen gezogen werden. (vgl. Ruether 1988a, Anmerkungen)
Aber: „Es ist der Kirche nicht damit geholfen, die Augen vor solchen Anfragen und Herausforderungen zu verschließen, sie als vereinzelt darzustellen und sich auf die ‚schweigende Mehrheit‘ zu berufen, die doch alles in allem zufrieden sei. *Die Kirche der Zukunft wird entweder die kritischen Frauen haben, oder sie wird gar keine haben.“* (Voß-Goldstein, in: Schulenburg 1993, 27) Wer sich ernstlich um Kirche und Frauen sorgt – und es sind die Frauen, welche die Kirche tragen – muß wohl wie Andrea Schulenburg zum Schluß kommen:

„Da ‚Mutter Kirche' immer häufiger die Strategie verfolgt, ihre unliebsamen Töchter mutwillig aus ihrem Schoß zu entlassen, wird sich allein deswegen wohl eher die letzte Prognose bewahrheiten. Immer mehr Frauen gehen *ihren* Weg, unabhängig davon, wie die Amtskirche das bewertet – es lohnt sich, ihnen zu folgen und sie unterwegs verstehen zu lernen." (Schulenburg 1993, 27)

Wie gehen die Frauen ihren Weg?

Sie schließen sich in Gruppen zusammen, um dort gemeinsam Verletzungen ihrer Lebensgeschichte aufzuarbeiten. Aber: „Frauen sollen nach dem Gebot des Paulus nicht nur in der Gemeinde schweigen, sie sollten auch untereinander nicht reden und ihre Erfahrungen austauschen. So wurde unterbunden, daß Frauen als Subjekte ihre eigene Geschichte tradierten, so wurde die kollektive Identität von Frauen, die ja auch darin besteht, eine eigene Geschichte und Kultur zu haben, gelöscht bzw. unterdrückt." (Dorst 1991, 37)

Es drängen sich nicht nur die Hexenprozesse auf, in denen vor allem Frauen getötet wurden, ohne daß sich die Kirchen jemals dafür entschuldigt haben. Es gibt in der kirchlichen Tradition vergleichsweise wenige Erfahrungen von Frauenermutigung und Frauenförderung. Wir dürfen aber nicht vergessen: Nicht jede Frau wird sich selbst als Opfer empfinden, ja oft diese Kirchen- und Gesellschaftskritik vehement abwehren. Manche müßte sich selbst in Frage stellen – und oft erscheint ihr das erlittene Leid und die Einschränkungen als sinnloses Leid vor den Möglichkeiten, die andere Frauen heute haben. Wer einmal damit begonnen hat, die Augen zu öffnen für die Benachteilung der Frauen in der Kirche, kann sie nicht mehr schließen. Mein Ziel ist es, Frauen miteinander ins Gespräch zu bringen. Eine soll verstehen, was die andere denkt. Gemeinsam sollen neue Wege gesucht werden. Können dann vielleicht Frauen, die sich selbst nicht mehr als Kirche verstehen, und Frauen, die noch Hoffnung in die Kirche setzen, wieder zusammenkommen?

d. „Dem Patriarchat sterben“

Eine interessante Theorie hat Hildegunde Wöller aufgestellt. Sie überträgt die Phasen, die Elisabeth Kübler-Ross für Sterbende aufgestellt hat, auf Frauen, die dem Patriarchat, also der von „Vätern“ bestimmten Kultur in der wir leben, sterben. Wöllers Modell kann für Frauen Hilfe sein, ihre Probleme einzuordnen.

Andererseits birgt dieses Modell eine Gefahr: Die Stufen können so gesehen werden, daß die fünfte Stufe das Ideal ist. Frauen, die glauben, sich in dieser Stufe zu befinden, könnten sich über andere Frauen erheben, die sich „nur“ in einer „niedrigeren“ Phase befinden. Ich möchte dieses Modell keineswegs so sehen, sondern als Verstehenshilfe nehmen. Nur wenn ich jeder Frau ihre eigene Entwicklung zugestehe, ihre eigene Standortwahl erlaube, kann ich ihr gerecht werden.

„*Die erste Phase ist das Nicht-wahrhaben-Wollen.* ... In dieser Phase identifiziert sich eine Frau mit den Werten, die Erziehung, Gesellschaft und Kirche ihr vermittelt haben. Sie will dazugehören zu den Guten, den Richtigen, den Anerkannten und weigert sich mit Nachdruck, die Tatsache einer tödlichen Krankheit zur Kenntnis zu nehmen.“ (Wöller 1985, 188)

Wenn Frauen in sich hineinhören, so erkennen sie, daß sie mit manchem unzufrieden sind. Deshalb brauchen sie eine Gemeinschaft, die ihnen Friede, Sicherheit und Rückhalt gibt. Diese Gemeinschaft kann die Familie, ein Freundeskreis oder auch die Kirche(ngemeinde) sein. Dabei kann ihre Kritik sich in einem Rahmen bewegen, wo sie diese äußern können, ohne Schwierigkeiten mit der Gemcinschaft befürchten zu müssen. Sie kann aber auch zu Entfremdungen führen.

„*Die zweite Phase,* die eine Frau von heute durchlaufen kann, *ist die des Zorns*. Frauen, die ihre Kränkung durch das Patriarchat empfinden, werden in ein Chaos von Zorn, Selbstmitleid und Schuldgefühlen gestürzt. Ihre Verletzung äußert sich zunächst in Aggression gegen die Männer, die Kirche, die Theologie, die Mächtigen. Frauen entdecken die Mechanismen von männlichen Projektionen, die Verzerrungen durch eine sexistische Sprache, und sie lernen die Unheilsgeschichte der Frauen in Vergangenheit und Gegenwart kennen.“

(Wöller 1985, 189) Wenn Frauen hier von „den Männern" verlangen, daß sie sich ändern sollen, so ist das verständlich. Sie verursachen dadurch natürlich Abwehr und Widerspruch. Gleichzeitig haben sie große Angst, aus der bisherigen Geborgenheit herauszufallen, was geschehen könnte, wenn sie sich verändern.

Deshalb versuchen sie es mit *Verhandlungen,* was Wöller als *dritte Phase* bezeichnet: „Und es gibt auch viele Frauen, die versuchen, durch Verhandlungen sich ein Mitspracherecht in Ehe, Kirche und Gesellschaft zu sichern. Gerade tüchtigen Karrierefrauen gelingt es oft, sich Sitz und Stimme in Entscheidungsgremien zu erobern. Sie zeigen Kompromißbereitschaft, passen sich an geltende Strukturen an und sind zufrieden, solange es nur eine Frau anstelle eines Mannes ist, die hier das Wort hat und entscheiden darf." (Wöller 1985, 190)

Die Wut der Frauen muß nicht zur Abwertung der Männer führen und verhindern, daß Frauen sie als Mitmenschen wahrnehmen: Ruether drückt es so aus: „Wir *müssen einen Standort autonomer Menschlichkeit finden, eine weibliche Identität, die dem Patriarchat nicht mehr in die Falle geht, ohne dabei die Menschlichkeit von Männern in Abrede zu stellen oder ihre beschädigte Menschlichkeit mit dem Patriarchat zu verwechseln. Wir müssen uns unserer eigenen Fehlbarkeit bewußt sein, unserer Fähigkeit nicht nur zu Opfern zu werden, sondern auch Opfer zu schaffen. Wir müssen uns genügend reife Selbstachtung aneignen, um die Menschlichkeit von Männern hinter der Maske des Patriarchats zu erkennen.*" (Ruether 1988b, 75)

Wenn Frauen in der Phase der Wut stecken – oder wenn sie gerade ein Erlebnis der Diskriminierung hinter sich haben, ist es schwer, diesen Standort einzunehmen. Anderseits wird hier ein Weg aufgezeigt zur Zusammenarbeit von Frauen und Männnern.

Als *vierte Phase* bezeichnet Wöller die *Depression:* „Besonders niederschmetternd ist es, sehen zu müssen, wie gerade auch christliche Tugenden wie Dienen, Helfen, Demut, Nächstenliebe dazu mißbraucht wurden, Frauen in untergeordneten Positionen festzuhalten. Erschreckend ist es, einsehen zu

müssen, daß die Schuldgefühle, wie sie fast jede Frau plagen, anerzogene Mechanismen sind. Mit Grauen machen Frauen sich klar, daß ihre Hilfsbereitschaft, ihre Geduld, ihr gehorsames Schweigen ihre wirkliche Sünde waren und sie damit indirekt die Geschichte von Krieg, Gewalt und Umweltzerstörung mit gestützt und gefördert haben." (Wöller 1985, 190)
Die Trauerarbeit, die Frauen jetzt leisten müssen, wird oft durch Selbsterfahrungsgruppen erleichtert. Dabei kann es dazu kommen, daß Frauen sich gegenseitig überfordern, weil sie einerseits einen Schonraum erwarten und andererseits voneinander „schonungslose" Offenheit fordern. Da sie nichts mehr von Männern erwarten, sollen ihnen jetzt andere Frauen die erfahrenen Verluste ausgleichen. Frauen in dieser Phase wenden sich manchmal der Göttinnenreligion zu, um eine ihnen entsprechende Religiosität zu finden. Denn: „Ein Gottesbild wurde verehrt, das nun die verzerrten Züge eines patriarchalen Popanz annimmt, eine Kirche besucht, die das Weibliche nicht gelten läßt oder einseitig idealisiert." (Wöller 1985, 191)
Die Erfahrung von Frauen in dieser Phase beschreibt sehr gut das Lied „Abschied vom himmlischen Vater" von Claudia Mitscha-Eibl (Lust und Liebe, 5):

Im Himmel ist es still geworden,
durch das Schweigen dringt kein Wort.
Der dort war, ist er gestorben
oder ging er heimlich fort?
Irgendwann war er verschwunden,
alle Räume stehen leer.
Hab ihn lange nicht gefunden,
suche ihn nicht mehr.

Ist kein Richter, dessen Wille
Strafe mir und Lohn verhängt.
Kein Allmächtiger, der in Stille
unsrer Welt Geschicke lenkt.
Kein Allwissender, der alles
längst geplant und vorgesehn,
der im Falle eines Falles
eingreift ins Geschehn.

Ist kein Vater mehr dort oben,
der mein Schrein und Flehn erhört.
Auch kein Finger, streng erhoben,
und kein Arm, der Schutz gewährt.
Eine Mutter nie gewesen,
die mich tröstet, sanft und zart.
Keine Hand, die vor dem Bösen
meinen Schritt bewahrt.

Keiner, der Gesetze gäbe,
was ich lasse, was ich tu.
Muß entscheiden, wie ich lebe,
und kein Auge sieht mir zu.
Nur der Wind fährt durch die Räume
eines Himmels, leer und still,
fegt hinweg die Kindheitsträume
und weht, wo er will.

Ideal wird von Hildegund Wöller *die letzte Phase* beschrieben: „So kann es auch eine Frau müde werden, sich zu rechtfertigen, sich gegenüber überlieferten Glaubensformen und theologischen Denkfiguren zu verteidigen. Sie kehrt dem einfach den Rücken zu und ist nicht mehr erreichbar für Vorwürfe und Anklagen. Sie ist dem Patriarchat wirklich gestorben, erwartet nichts mehr von ihm, es gehört für sie einer schon vergangenen, überholten Zeit an, die keine Zukunft mehr hat." (Wöller 1985, 193)
Hier mündet die Beschreibung der Phasen in die konkrete Utopie:
„Sie weiß: Niemand wird für mich tun, was ich will und brauche. Ich muß es selbst tun. Niemandem kann ich die *Verantwortung für mein Leben* anlasten, ich muß es selbst gestalten. Niemand kann an meiner Stelle glauben, ich muß mich selbst dem Glauben öffnen." (Wöller 1985, 193)

Übung:

Wie geht es mir, wenn ich die Beschreibung der einzelnen Phasen lese?
Kann ich mich in einzelnen Beschreibungen wiederfinden?

Wie fühle ich mich, wenn ich mich in die verschiedenen Phasen begebe?
Wie geht es mir mit dem Lied von Claudia Mitscha-Eibl?
Was ist bei mir anders – welche Erfahrung gleich?

Betrachten Sie das Bild der toten Frau unter dem Tuch (s. Titel und nächstes Kapitel):

Kann es für Sie ein Bild sein für „dem Patriarchat gestorben sein"?
Warum?
Warum nicht?
Unsere christliche Tradition kennt viele Bilder für das Leben, das aus Jesu Tod erwuchs. Welche Bilder fallen Ihnen ein?
Was verändert sich für Sie, wenn eine Frau die Stelle Jesu einnimmt?

Hier könnten Sie Bilder betrachten, wie das der heiligen Kümmernis in Neufahrn bei Freising (Folienset DKV), oder moderne Versionen der Frau am Kreuz, wie dem nicht angenommenen Vorschlag von Lucy d'Souza für das Hungertuch zum Thema Frauen (Missio) oder das Bild von Almuth Lutkenhaus (Ruether 1988a, 170).

2. Jesus – ein Vorbild unseres Lebensentwurfs

Das Titelbild und die Bilder dieses Buches sind die verschiedenen Teile des Frauenaltars von Candace Carter. Ich mache mir dazu meine eigenen Gedanken, die der Künstlerin können nachgelesen werden. (Carter 1994, 870–875)

Bild: Verdeckte Leiche einer Frau

„Mit der Predella, dem Ort des Leichnams Jesu im Grab, habe ich bewußt ein traditionelles Element aufgenommen. Hier liegt nun eine Frau; die Präsenz des Göttlichen und die

Solidariät Christi mit den Leidenden ist für mich immer gegenwärtig – in jedem Leid, in jeder und jedem Getöteten. Manche stören sich an der vergewaltigten Frau, die unter der fröhlichen Mahlgemeinschaft liegt. Aber unser Leben besteht aus vielen Spannungsfeldern, z.B. aus Freude und Leid, so daß diese Frau notwendig hierher gehört.“ (Carter 1994, 870)

Dieses Bild habe ich für diese Stelle ausgewählt, weil es der Zielrichtung dieser Arbeit entspricht: Vom Tod zum Leben, von der Lebensverweigerung, zur Lebensermöglichung. Bedroht zu sein durch Gewalt, gehört zur Lebenserfahrung jeder Frau.

a. Eine Ermutigung

Frauen und Männer sehnen sich heute und sehnten sich allezeit nach Ganzheit und Heil. Dieses Heil erwarten ChristInnen durch Jesus Christus. Welches Bild haben Sie von Jesus, dem Christus? Wie sollen wir unsere Nachfolge umsetzen? So, wie es uns Elisabeth Kumpf in einer Geschichte vorstellt? Sie erzählt, wie sich Menschen über eine Sonntagspredigt zum Evangelium von der Hochzeit zu Kana unterhalten. Sie finden es sehr rüde, wie Jesus seine Mutter behandelt. Renatus, der Lehrer in dieser Geschichte, zieht einen Vergleich zwischen Maria und den Frauen in der Kirche:

„Maria tritt als Frau zu ihm, und Jesus sagt ihr: Meine Stunde ist noch nicht gekommen – die Stunde, da die Frau etwas zu sagen hat. So scheint auch für viele in der Kirche die Stunde der Frau nicht gekommen, weil sie als Stunde der Männerentscheidung gesehen wird. Doch was tut die Frau, Maria? Sie wartet nicht ab, bis die Männer ausgewartet haben. Maria fängt an zu handeln, gibt Anweisung, macht sich zum Sprachrohr des Herrn, wird prophetisch und gemeindeverantwortlich tätig, indem sie die Diener anweist. Ist das nicht auch ein Zeichen, daß die Männer, nicht immer freundlich, die Frauen beim Hochzeitsfest, dem Symbol des hl. Mahles, vertrösten auf eine Stunde, die noch nicht gekommen, und ist dies nicht auch ein Zeichen, daß Maria nicht wartet, bis ir-

gendwann die Stunde gekommen, sondern daß sie die Not sieht und über ‚das Amt‘ hinweg handelt. So beginnt auch ihr: Nehmt die ganze Geschichte als ein Zeichen, das Jesus gesetzt hat.“ (Kumpf 1992, 13)
Mir gefällt diese Geschichte sehr gut, denn sie entspricht dem, wie Frauen in der Zeit der Heilsgeschichte immer wieder gehandelt haben. Sie zeigt auf, daß es wichtig und gut ist, auch durch Männer ermutigt zu werden. Andererseits könnte uns Jesus und können uns Frauen in der Christentumsgeschichte ermutigen, wenn es im Augenblick um uns herum niemand gibt, der es tut.
Doch beginnen wir mit der „Mitte der Zeit“.

b. Jesus – Macht, die mich berührt

Ich beziehe mich hier auf Verena Klotz. Sie beschreibt auf dem Hintergrund von Carter Heywards Christologie, wie Frauen zu mündigen Menschen werden können. Isabel Carter Heyward geht davon aus, daß Frauen oft erleben, nicht ernst genommen zu werden. Wenn sie aber erleben, daß sie selbst in ihren Beziehungen und durch ihre Beziehungen an Macht gewinnen, so können sie neue Bilder von sich selbst entwerfen. (vgl. Klotz 1990, 66) Carter Heyward geht aus von Bonhoeffers Gotteserfahrung. Aus seinen letzten Aufzeichnungen geht hervor, daß Gott für ihn nicht jemand ist, der in das Leben der Menschen eingreift, sondern die Menschen müssen selbständig sein, selbst für sich, ihr Leben, ihre Nächsten und die Welt die Verantwortung übernehmen: „Gott gibt uns zu wissen, daß wir leben müssen als solche, die mit dem Leben ohne Gott fertig werden. Der Gott, der mit uns ist, ist der Gott, der uns verläßt (Mk 15, 34): ... Vor Gott und mit Gott leben wir ohne Gott.“ (Bonhoeffer, zitiert nach Carter Heyward 1986, 51). Carter Heyward setzt voraus, daß das Böse, das durch Menschen geschieht, weniger um seiner selbst willen geschieht, als aus Angst: „Menschen haben Angst zu leben und Angst zu sterben, Angst alleine zu sein, Angst mit anderen zusammen zu sein, Angst, machtlos, mitsprachelos, stimmlos zu sein, und Angst, macht- und wir-

kungsvoll zu sein; Menschen haben Angst vor der Geschichte und vor Propheten, Angst davor, sich an sich selbst zu erinnern, Angst davor, Gerechtigkeit herzustellen, Liebe zu verwirklichen, Angst vor Sexualität, Angst, gut zu sein, ja: Die Zerstörung der Menschheit macht uns weniger Angst als die Mit-Schöpfung der Welt." (Carter Heyward 1986, 176 f)
So füllt sie das Wort „Passion" neu: „... ertragen, was wir sind. Es bedeutet den Schmerz und auch die Freude dessen, was lieben heißt, auszuhalten. Passion heißt, das zu tun, was gerecht ist" (Carter Heyward 1986, 201).
Wie sieht also Gott für Carter Heyward aus? „Ich habe kein Interesse, es sei denn ein zorniges, an einem außerweltlichen ‚Gott', der sich selbst über und gegen menschliche Erfahrungen des Leidens, der Arbeit, des Spieles, der Sexualität, des Zweifels, der Laune, der Fragen der Körperlichkeit und der materiellen Bedürfnisse setzt." (Carter Heyward 1986, 54) Sondern Gott ist „schöpferische Macht, die Macht, die in der Geschichte Gerechtigkeit, die gerechte Beziehung herstellt." (Carter Heyward 1986, 49) Sie gewinnt ihren Gottesbegriff, indem sie das erste und das zweite Gebot identisch setzt. Sie beschreibt „ihn" so: „Der Gott, den ich bejahen möchte, ist der Gott der Beziehung und der Freundschaft (z.B. Ex 3; Joh 15,9–15; Ps 4,16...), der Gott der Gerechtigkeit für die Armen (siehe Jer 2–5; Am 5,24; Mt 25,31–46; Lk 6,17–27), der Gerechtigkeit für Frauen (siehe Mk 14,3–9; Lk 10,38–42; Joh 4,5–26; Gal 3,28), der Gerechtigkeit für die Ausgestoßenen und ‚den anderen' (siehe Mt 25,31–42; Lk 10,25–37; Joh 4,5–26; Apg 10,44–11,8) und der Gott der Sexualität (siehe Hld)" (Carter Heyward 1986, 53 f).
Jesus hat Gott als die Kraft erfahren, die ihm im Laufe seines Lebens so vertraut wurde, daß er Gott mit der Anrede „Abba" bezeichnete. Carter Heyward entwirft einen Jesus, oder besser gesagt Christus, der Gottes Gerechtigkeit in der Welt verwirklicht. Gottes Gerechtigkeit ist ihrer Meinung nach der zentrale Begriff des jüdischen Glaubens. Gottes Gerechtigkeit nimmt Gestalt an im Handeln des Menschen. Menschen können aber nur göttlich wirken in der Welt, wenn sie offen sind für Gott. Carter Heyward „entwirft" ihren Jesus, d.h. sie sagt etwas aus über eine bestehende Beziehung

zwischen Jesus und uns. Der traditionellen Aussage stellt sie also ihren „Entwurf" gegenüber:
„Traditionelles Bild: Sie sagten: ‚Du bist der Christus.'" (Mk 8,29) Der neue Entwurf: „Ich sage, du bist jemand, in dessen Seinsweise ich Kraft sehe, die Kraft der Gerechtigkeit, der gerechten Beziehung. Ich sage, du kannst uns helfen, diese Kraft zu sehen, diese Kraft zu lieben, diese Kraft in Anspruch zu nehmen und zu gebrauchen." (Carter Heyward 1986, 83)
Für Carter Heyward sind die Begriffe „berühren" und „heilen" wesentlich: „Hier stehen sie wie ein Plädoyer für menschliche Aufmerksamkeit und eine Ermutigung, den eigenen Raum zu verlassen, ‚zu berühren und berührt zu werden, zu bewegen und bewegt zu werden, zu heilen und geheilt zu werden' (Carter Heyward 1986, 93), Gefühle, Sehnsucht und Talente (Mt 25,14–30) nicht voreinander zu verbergen." (Klotz 1990, 137)

Übung:

1. *Wie stelle ich mir Jesus vor?*
2. *Was bedeutet für mich „Jesus Christus"?*
3. *Was gefällt mir am Jesusbild Carter Heywards?*
4. *Was stört mich an diesem Jesusbild?*
5. *Was gefällt mir an ihrem Gottesbild?*
6. *Was stört mich an ihrem Gottesbild?*

Diese Übung kann auch gut mit Darstellungen Jesu bzw. Gottesbildern gemacht werden, bzw. Sie könnten selbst Ihre Bilder malen oder durch Farbkombinationen Ihre Empfindungen ausdrücken.

ChristInnen aller Zeiten haben und hatten ihr je eigenes Gottesbild – und sind darin stark vom Judentum abhängig. Frauen heute fragen: Kann ein Mann Frauen erlösen? Diese Frage trifft in die Mitte unseres Glaubens, gerade für katholische Frauen, da nur ein Mann Jesus am Altar repräsentieren darf. Meine Antwort: Erlösung darf keine Theorie bleiben, sondern muß erfahrbar sein.

3. Die Arbeit mit Frauengruppen

Bild: Frauen begegnen sich, linker Flügel des Frauenaltars.

Frauen wenden sich einander zu, sind miteinander im Gespräch. Es ist förmlich zu spüren, wie sie sich aufeinander beziehen. Die Dreiergruppe im Vordergrund scheint sich gut zu kennen. Wo sind ihre Berührungspunkte – aus dem Bild ist es nicht zu entnehmen? Die Frau im Hintergrund bleibt am Rand zurückgedrängt, weil sich die Frau neben ihr der älteren Frau in der Mitte der Dreiergruppe zuwendet.

1976 erlebte ich in Eichstätt mit, wie Elfriede Hirsch Gruppen aufbaute. Es war die Aufbauphase der Frauenseelsorge in Bayern. Sie fuhr in die Gemeinden und ermutigte Frauen, über sich selbst nachzudenken. Ich erinnere mich gut, daß sie den Frauen anhand eines Schemas klarmachte, wieviel sie selbst und andere von sich wissen können (Joharifenster: Es gibt Dinge, die nur die anderen wissen, die nur ich weiß, die die anderen und ich wissen, bzw. noch niemand weiß, z.B. wie ich einmal sterben werde). Auf sich selbst zurückgeworfen, lernten die Frauen, sich mit sich selbst auseinanderzusetzen. Ihnen wurde klar, wieviel sie eigentlich können. Sie erkannten, daß sie viele Berufe ausüben als „Nur-Hausfrau". Ihr Selbstbewußtsein änderte sich, einige dieser Frauen übernahmen dann die Leitung der Gruppe, die sich nach den gemeinsamen Vormittagen mit Frau Hirsch bildete. Wir trafen sie wieder bei einem Wochenende, wo sie für ihre Leiterinnentätigkeit gerüstet wurden. Ich bewunderte das gewachsene Selbstbewußtsein dieser Frauen. Wodurch kann es dazu kommen?

a. Zu sich selbst kommen

Irene Kummer, eine Gestalttherapeutin, kritisiert die Aufspaltung Körper–Geist–Seele, die in unserer Gesellschaft üblich ist. Sie geht davon aus, daß wir mit unserem Körper unsere Lebensgeschichte abbilden/einbilden. Neue Situationen

fordern uns zu Veränderungen heraus. „Wir dürfen dabei nicht vergessen, daß für uns alle die Art, wie wir gelernt haben, uns zu verkörpern, die subjektiv beste Möglichkeit war, mit unseren früheren Erfahrungen umzugehen und spätere einzubeziehen. Das gilt auch für die Verkörperung als Frau oder Mann. Auch wenn wir sie in Frage stellen, auflösen und umgestalten möchten, geht es darum, einen sorgsamen und freundlichen Abschied von ihnen zu finden, um nicht Spalt- und Kampfmuster zu provozieren." (Kummer 1991a, 28)
Das Wort „Ganzheit" deutet an, daß wir die Aufspaltung in Körper-Seele und Geist, die ja immer auch mit einer verschiedenen Bewertung verbunden war, überwinden können. Wenn Irene Kummer hier von „Spalt- oder Kampfmustern" redet, so redet die Theologie von Schuld und Sünde. Wie gehen wir damit um? Gruppen, die sich mit ihrem Selbstbild und ihrem Gewordensein auseinander setzen möchten, könnten dies so tun:

Übung:

Alle haben zwei Blätter vor sich, ein leeres Blatt und eines mit dem folgenden Text: „Wir selbst sind kein unbeschriebenes Blatt. Vom Anfang unseres Lebens an standen wir in Beziehung zu Mitmenschen. Sie haben unser Leben mitbestimmt. Beschreiben Sie die drei wichtigsten Beziehungen Ihres Lebens!
Wo sehen Sie Ihren eigenen Anteil an dem, was Sie geworden sind? Wo sehen Sie sich als ohnmächtig?
Wo sehen Sie sich selbst als gestaltmächtig in diesen Beziehungen? Bitte verkörpern Sie diese Beziehungen:
1. *„Ich bin ich, eine Frau" – Wie stellen Sie dies dar? Was fühlen Sie dabei?*
2. *„Ich bin ich, in Beziehung zu Dir" (Jetzt wird jede der drei wichtigen Beziehungen dargestellt).*

Diese Übungen brauchen viel Zeit. Sie können nicht in einer Gruppe gemacht werden, in der sich die Frauen nicht kennen, da Vertrauen vorausgesetzt wird. Die Leiterin braucht Erfahrung im Umgang mit Menschen. Wenn die angestoßenen Erfahrungen nicht aufgearbeitet werden können, sollte sich die Gruppe auf die Teile der Übung beschränken, mit der es ihr gutgeht. Mitgeteilt soll nur werden, was die einzelne von sich geben möchte.

Wir können in diesem Kontext keine Therapie anbieten. Trotzdem können Menschen – Frauen! – einander Therapie sein. Frauen werden von klein auf dazu erzogen, auf andere zu achten. „Wir befinden uns als Kinder in einem unmittelbaren, leibhaften Dialog mit unserer Familie und – zum Teil vermittelt durch die Familie – auch in einem Dialog mit gesellschaftlichen Mustern, aus denen wir unser Bewegungsgesetz formen. Oft entsteht so eine Negativ-Liebes-Geschichte mit uns selbst ebenso wie mit anderen Menschen." (Kummer 1991b, 124)

Ich würde es so ausdrücken: Wir christlichen Frauen haben das Gebot „Du sollst Deinen Nächsten lieben wie dich selbst" nur zum Teil gelernt. Wir lieben die anderen, aber Selbstliebe konnten wir nicht lernen, da sie uns nicht zugestanden wurde. „Egoismus" und „Selbstverwirklichung" – diese Schlagworte sollen Frauen davon abhalten, auf die Suche nach sich selbst zu gehen. Denn wer sagt, daß eine Frau, die sich selbst gefunden hat, nicht selbstverständlich auch für andere da sein will? Der Unterschied liegt für mich in der Perspektive. Ich möchte dazu wieder Irene Kummer zu Wort kommen lassen:

„– Wichtig ist, daß Frauen sich ihre eigene Leiblichkeit – jenseits aller familiären und gesellschaftlichen Verschreibungen mit ihren widersprüchlichen Botschaften – aneignen können. ... – Es geht auch um die Legitimierung und damit um die Aneignung der als illegitim verdrängten und abgespaltenen Gefühle, Sehnsüchte, Impulse und Fähigkeiten. – Ein wesentlicher Aspekt ist das Formen einer liebevollen Beziehung zu sich selber als Frau. – Liebevoll mit sich sein, heißt auch, die Unantastbarkeit und Integrität der eigenen Form gegen alle Be-händigung und Be-mächtigung zu wahren. So wird auch eine gleichwertige Beziehung zu anderen Menschen möglich. ... – Es ist meines Erachtens eines der wichtigsten Anliegen in diesem Zusammenhang, daß wir als Frauen uns den Spiel-Raum erschaffen, um neue persönliche Formen unseres Inder-Welt-Seins zu entwerfen, um mit ihnen experimentieren zu können, ohne uns zu werten oder beschneiden zu lassen und ohne unsere Lebens-gestaltung als Frauen gegenseitig mit allen internalisierten Maßstäben zu beargwöhnen.“ (Kummer 1991b, 124 f)

Für mich war es eine „befreiende Botschaft“, als ein Dogmatikprofessor sagte, daß die Spiritualität einer Frau mit kleinen Kindern natürlich eine andere sein muß, als die eines Mönches. Hier wurde etwas ausgedrückt, was ich immer wußte. Mir fehlten aber Impulse, meine eigene Spiritualität zu entwickeln und der jeweiligen Lebenssituation anzupassen. Ich empfand, daß die Spiritualität eines Mönches oder einer Nonne als eigentliche Spiritualität in unserer Kirche betrachtet werden.

Laien- und erst recht „Laiinnen“spiritualität auszubilden, ist Pfarreien zu selten ein Anliegen. Gerade jüngere Frauen in verschiedenen Lebenssituationen können mit Formen herkömmlicher Frömmigkeit nichts mehr anfangen. Hier setzen Frauenseelsorge und Frauenverbände an mit einem breiten Spektrum von Angeboten. Frauenseelsorge versteht sich als Seelsorge für alle Frauen, wie es ihr das Bischofspapier von 1981 vorgegeben hat: Die Angebote berücksichtigen die Lebenssituationen der Frauen, indem z.B. in der Alleinerziehendenarbeit oder Mütterarbeit stets Kinderbetreuung angeboten wird. Besinnungstage können in den Pfarreien oder in Klöstern und Bildungshäusern stattfinden, Gottesdienste können nur für Frauen sein oder von Frauen vorbereitet und von einem Priester, auch in der Heimatpfarrei, begleitet werden. Frauen entwickeln neue Rituale für ihre Freud- und Leiderfahrung, sie entdecken die Gottesbilder der Mystikerinnen und die Vielfalt der möglichen Namen Gottes neu. Frauen füllen herkömmliche Formen wie Wallfahrt, Litaneien oder Rosenkränze und nicht zuletzt Gebete mit ihnen entsprechenden Inhalten.

Meine persönliche Erfahrung war, daß gerade als die Kinder klein waren, wenig Zeit für mich blieb. Zu Exerzitien fand ich lange keine Zeit – also mußte ich neue Möglichkeiten finden, Kraft zu tanken. Es muß nicht viel Zeit sein, die wir für uns haben. Aber: Es muß genug Zeit bleiben, um immer wieder

darüber nachzudenken, wie wir eigentlich unser Leben leben wollen. Nicht morgen, nicht wenn die Kinder groß sind, diese Prüfung geschafft ist oder jene Hürde auf unserem beruflichen oder persönlichen Weg genommen ist, sondern jetzt, hier und heute wollen und sollen wir leben. Ich kenne keine Jesus-Begegnung, wo Jesus der Frau oder dem Mann gesagt hat: Wenn du dieses getan hast, dann sollst du leben, ab morgen, ab nächstem Jahr ist das Reich Gottes gekommen. Nein, Jesus ermöglicht immer sofort das neue Leben, er vertröstet nicht. Leben im Augenblick, Leben in Fülle jetzt – nicht morgen, das ist doch das, was Jesus geschenkt hat!
In diesem Buch werden wir uns verschiedene Vor-Bilder anschauen, um in der Konfrontation mit ihnen für unser Leben Mut und Kraft zu gewinnen. Hier möchte ich eine Übung vorschlagen, die immer als Einstieg genommen werden kann, wenn sich Gruppen ihren Ist-Stand vergegenwärtigen wollen:

Übung

1. *Wer bin ich heute?*
   a. *Lebensstand – Habe ich meine Wahl endgültig getroffen? Wann und warum habe ich diese Wahl getroffen?*
   b. *Beruf – Was bedeutet er mir heute? Wie ist es dazu gekommen, daß ich diesen Beruf gewählt habe?*
   c. *Familie – Wer ist meine Familie? Wo stehe ich innerhalb meiner Familie?*
   d. *Hatte ich die Möglichkeit, eigene Interessen herauszufinden und sie zu verwirklichen? Habe ich sie heute? Wie geht es mir heute damit?*
2. *Wenn ich mir selbst einen Brief schreiben müßte, welche Hauptaussage hätte dieser Brief?*
3. *Würde mein Leben anders aussehen, wenn ich als Mann/Frau geboren wäre? Was folgt für mich daraus?*

Wenn jede Frau diese Fragen für sich beantwortet hat, kann sie an die Gruppe weitergeben, was sie den anderen Frauen mitteilen möchte. Indem sich die einzelne Frau für die anderen öffnet, ermöglicht sie das:

b. Zueinander kommen

Für mich ist es selbstverständlich, daß ich nur zu anderen kommen kann, wenn ich bei mir bin. Umgekehrt kann ich mir keine Selbstwerdung vorstellen, die mich in völliger Isolation zum Ziel hat. Ich werde im Kontakt mit anderen. Ich werde, damit ich für andere dasein kann. Trotzdem werde ich für mich. Was ich damit meine, finde ich gut ausgedrückt in einem Satz, mit dem Ignatius von Loyola seine geistlichen Übungen einführt: „Einzig das sollen wir ersehnen und erwählen, was uns mehr zum Ziele hinführt, auf das hin wir geschaffen sind.“ (Loyola 1966, 26)
Woher weiß ich aber, wer ich bin und wer ich sein soll? Etwas salopp ausgedrückt, möchte ich sagen: durch Versuch und Irrtum. Mein Leben ist bis zum heutigen Tag geworden: durch meine Geburt in ein Elternhaus, das ich so nehmen muß, wie es war/ist. Durch Entscheidungen, die andere für mich gefällt haben – und durch meine eigenen Entscheidungen. Ich kann im Nachhinein manche Situationen meines Lebens als von Gott geführt deuten. In bestimmten Situationen weiß ich sicher, wie ich handeln soll. Aber manchmal muß ich einfach eine Entscheidung fällen, ohne sicher zu wissen, wohin sie mich führt. Ja, die wichtigsten Entscheidungen unseres Lebens sind solche Drahtseilakte ohne Netz, denn wir können nicht absehen, wohin sie uns führen. Als Christin vertraue ich jedoch darauf, daß Gott das Netz für mich ist – und ich erlebe dieses Netz in den Beziehungen, die mich tragen. So meine ich:
Ich bin ein Ich in Beziehung, wobei ich je nach Situation den Schwerpunkt auf Ich oder auf Beziehung legen kann und muß. Dieses Ich in Beziehung bin ich in meiner Familie, aber auch in „gewählten“ Gruppen, in Freundschaften – und in nicht gewählten Gruppen, z.B. beruflichen Kontakten. Frauen suchen sich oft andere Frauen, um sich auszutauschen.

Was ist der Sinn einer „Frauen“gruppe?

Können gemischte Gruppen Frauen nicht das Gleiche oder ebensoviel bringen, wie eine Frauengruppe? Eine Frauengruppe kann Frauen Gelegenheit bieten, in einer Schonatmosphäre neue Verhaltensweisen zu erproben. Feministische Linguistinnen haben belegt, was Frauen immer wieder erfahren und erfahren haben, „daß Frauen gegenwärtig in gemischten Gruppen ihr Gesprächsverhalten nicht ohne Störungen und Beeinträchtigungen entfalten können und bislang die Unverträglichkeit der Stile durch Anpassung der Frauen an den männlichen Stil abgemildert wird". (Dorst 1991, 42) Was bedeutet das? Selbst herausfinden kann es eine Gruppe, indem sie eine x-beliebige Diskussionsrunde mit Frauen und Männern im Fernsehen auf Video aufnimmt, z.B. eine Bonner Runde nach Wahlen, bei der eine Frau dabei ist. Dann erhält die Gruppe folgende Arbeitsaufträge:

Übung:

Schreiben Sie auf, wieviele Redebeiträge die von Ihnen zu beobachtende Person hat!
Wird sie unterbrochen? Von wem? Wie oft?
Wie reagiert sie?
Wer bestimmt das Gesprächsthema?
Wieviele Redebeiträge kann Ihre Person vollständig einbringen? Erreicht sie es, ihre Ziele der Gruppe zu verdeutlichen? Warum oder warum nicht?

Die Ergebnisse der einzelnen Beobachterinnen werden verglichen. Luise Pusch und Senta Trömel-Plötz sind deutsche Sprachwissenschaftlerinnen, die ihre Ergebnisse z.T. auch aufgearbeitet für Frauengruppen publiziert haben (s. Trömel-Plötz, o.J.). Gewalt gegen Frauen in der Sprache kann sich die Gruppe auch mit einer Glosse von Luise Pusch bewußt machen:

„Kirchensprache ist Männersprache

‚(Die Religion) ist vor allem ein Begriffssystem, mit dessen Hilfe sich die Menschen die Gesellschaft vorstellen, deren Mitglieder sie sind, und die dunklen, aber engen Beziehungen, die sie mit ihr haben.' Emile Durkheim

Im Mai 1988 hielt ich einen Vortrag anläßlich einer Tagung des Gemeinschaftswerks evangelischer Publizistik. Ich tat meine Überzeugung kund, daß die Kirchensprache nicht nur eine Männersprache ist, sondern eine Extremform, sozusagen eine Macho- oder Herrensprache. Ich rede seit gut neun Jahren landauf, landab zum Thema ‚Spiel- und Abarten der Männersprache'. Vieles scheint mir daher inzwischen geradezu banal und selbstverständlich – um so überraschter war ich, daß diesmal ein großer Teil des Publikums befremdet bis entrüstet war. Als mitten während meiner Ausführungen zum Abendessen gerufen wurde, hieß es aus dem Publikum, ach nein, danke, der Appetit ist uns sowieso vergangen. Was hatte ich nun so Böses gesagt? Ich hatte erklärt, daß es das Kennzeichen der diversen Männersprachen auf unserem Planeten ist, daß sie Mensch und Mann gleichsetzen. In vielen Sprachen sind deshalb die Bezeichnungen für Mann und Mensch dieselben, so etwa *homme* im Französischen, *man* im Englischen usw. Die Frau gehört nach diesem Denken einer anderen, d.h. nichtmenschlichen Spezies an, ähnlich wie die Hunde. Auch die Kirche (und daher auch die Kirchensprache) geht davon aus, daß die Frau nicht zu den Menschen gehört. In unserer ‚protestantischen Nationalhymne', Luthers Ein feste Burg ist unser Gott, heißt es: ‚Nehmen sie den Leib, Gut, Ehr', Kind und Weib, laß fahren dahin, sie haben's kein Gewinn, das Reich muß uns doch bleiben.' Wer ist gemeint, mit uns, wem ‚muß das Reich doch bleiben'? Offenbar ist das ein Lied für einen Männergesangsverein, genau wie Matthias Claudius' Der Mond ist aufgegangen: ‚So legt euch denn, ihr Brüder, in Gottes Namen nieder.' Ich hatte mir also erlaubt, auf diese altbekannten Fakten hinzuweisen, und fuhr dann fort: Halten wir also fest, daß auch für die christliche Kirche die Frau einer anderen Spezies angehört, meist auf einer Stufe mit Seinem, des Mannes, Acker und Vieh. Nehmen wir also an, die Frau werde etwa wie ein Hund angesehen. Was die Hunde und ihre Beziehungen zu den Menschen betrifft, so gibt es da die Hundeliebhaber, daneben solche, denen die Hunde einfach gleichgültig sind, und schließlich die Hundehasser. Mit letzteren nun ist die Kirche zu vergleichen. Ein so abgründiger Frauenhaß, wie er sonst selten ist – nachzulesen

besonders bei den Kirchenvätern, die dann anderen Modell standen, so daß oftmals aus ursprünglichen Liebhabern oder Gleichgültigen fanatische Hasser wurden. …
Ich hatte meinen Vortrag mit einem Überblick über meine ganz persönliche Beziehung zur Kirche begonnen und frisch drauflos erzählt: Bis weit ins 19. Jahrhundert zurück sind meine Vorfahren protestantische Pfarrer gewesen. Mein Urgroßvater war Pfarrer, meine Urgroßmutter Hausfrau und Mutter. Mein Großvater war Missionar, meine Großmutter Hausfrau und Mutter. Mein Vater war Pfarrer, meine Mutter Sekretärin, Hausfrau und Mutter. Ich bin Professorin für Sprachwissenschaft, nicht verheiratet und aus der Kirche ausgetreten – und ich glaube, der Unterschied zwischen meinem Lebenslauf und den Lebensläufen meiner im Dienst an der Kirche und ihren Eheherren verbrauchten Vorfahrinnen ist nicht etwa zufällig. Mit anderen Worten: Wenn eine Frau sich emanzipieren will, so sind ihre Chancen innerhalb der Kirche höchst gering. Ich bin aus der Kirche ausgetreten, weil ich die Vorstellung absurd finde, daß eine rein männliche Dreifaltigkeit göttlichen Ursprungs sein soll. Es kann sich da nur um eine Erfindung von Männern handeln, sonst gäbe es in diesem Glaubenssystem mehr und vor allem bessere Plätze für Frauen. Meine religiösen Bedürfnisse sind seither frustriert – auch Ausflüge in ‚esoterische' Gefilde ergaben immer wieder dasselbe: Erfindungen von Männern, denn bei aller Esoterik war das Machtgefälle, auch im esoterischen Jenseits, fast immer dasselbe wie auf Erden. Und so möchte ich denn mit einer leichten Korrektur der tiefen Erkenntnis Durkheims schließen:
(Die Religionen) sind Begriffssysteme, mit deren Hilfe sich die Männer die Gesellschaft vorstellen (…) (im französischen Original heißt es hommes, und das bedeutet bekanntlich sowohl Menschen als auch Männer – wobei dieser Unterschied in diesem Begriffssystem sowieso keiner ist, wie wir gesehen haben)." (Pusch 1990, 136–138)

Übung:

1. *Warum empört die ZuhörerInnen dieser Vortrag?*
2. *Wie geht es Ihnen mit der Kirchenkritik, die Luise Pusch anbringt?*

Bitte schreiben Sie die einzelnen Punkte heraus und ordnen Sie sie nach den Kategorien: Stimmt, stimmt zum Teil, stimmt nicht. Begründen Sie bei den Fragen, die Ihnen am unangenehmsten sind oder am angenehmsten sind, warum Sie diese Kategorie gewählt haben.

3. *An welchen Fragen würden Sie gerne weiterarbeiten?*

Ich kann mir diese Glosse gut als Einstieg in einen Studientag zum Thema Frau und Kirche vorstellen. Die dritte Frage ermöglicht es, die Interessen der Frauen bei der weiteren Gestaltung des Tages zu berücksichtigen. Das Thema „Frauensprache/Männersprache" läßt oft die Wogen in Frauengruppen hochschlagen. Ich finde es entscheidend, daß verschiedene Meinungen angehört und akzeptiert werden. Frauen, die sich betroffen fühlen, wenn sie nicht eigens angesprochen werden und sich mitgemeint fühlen müssen, sollten tolerant sein gegenüber Frauen, die sich angesprochen fühlen, auch wenn es heißt „Laßt uns loben, Brüder loben". Trotzdem sollten sich diese Frauen fragen lassen, ob sie aus Angst vor Liebesentzug durch (ihre) Männer so denken, oder ob es ihnen wirklich nichts ausmacht, nicht angesprochen zu werden. Eine sehr empfindliche Stelle in unserer Kirchengeschichte hat Luise Pusch getroffen, wenn sie vom Frauenhaß der Kirche redet. Bände könnten mit frauenfeindlichen Äußerungen hochgelobter Theologen gefüllt werden. Ob eine Frauengruppe sich näher mit diesen Äußerungen auseinandersetzen will, muß sie selbst entscheiden. Ich ziehe positive Ansätze vor, glaube aber, daß wir die ganze Kirchengeschichte anschauen und ernst nehmen sollen.
Wenn ich Luise Pusch folgen wollte, müßte ich sagen, daß kirchliche Frauen Frauengruppen besonders brauchen, weil sie in noch größerer Weise unterdrückt werden als Frauen insgesamt. Ob sie sich unterdrückt fühlt, muß jede Frau für sich selbst entscheiden. Wesentlich finde ich, daß Frauen von

konservativ bis progressiv, von herkömmlich-kirchlich glaubend bis der Göttinnenreligion anhängend offene Ohren für ihre Fragen finden. Dies sollte meiner Ansicht nach das Entscheidende an den Angeboten der kirchlichen Frauenarbeit sein: Toleranz aus dem Glauben an eine Gottheit heraus, die will, daß alle Menschen zu ihrem Ziel kommen.
Brigitte Dorst zeigt verschiedene Besonderheiten von Frauengruppen auf, die sich gut auf kirchliche Frauengruppen übertragen lassen:
„Das Klima wird als wärmer, weniger angstbesetzt und offener beschrieben. Die Bereitschaft, persönliche Erfahrungen zum jeweiligen Thema mitzuteilen und anzuhören, ist ungleich größer (als in gemischten/oder Männergruppen I.L.)." (Dorst 1991, 43) Im Anschluß an Trömel-Plötz bezeichnet Dorst den weiblichen Kommunikationsstil als weitgehend kooperativ und setzt ihn dem mehr konkurrierenden Stil der Männer gegenüber. „In gemischten Gruppen orientieren sich auch die weiblichen Mitglieder stärker am Bezugssystem einer männlich definierten Weltsicht. Spezifisch weibliche Lebenserfahrungen treten dagegen zurück. Frauen tendieren dazu, interaktionelle Gesprächsarbeit stärker zu übernehmen. ... Wenn sie sich gegenseitig unterbrechen und ins Wort fallen, so sind es häufig ergänzende Beiträge, die keinen Themenwechsel erzwingen. Es gibt ein stärkeres Bemühen, daß jede die Gelegenheit zur Beteiligung erhält, daß Führung wechselt. Direkte Konflikte werden dagegen stärker vermieden." (Dorst 1991, 43)

Übung:

Welche der von Brigitte Dorst beschriebenen Gruppenbeschreibungen trifft auf unsere Gruppe zu?
Wo sehe ich in unserer Gruppe Konfliktvermeidungen?
Gibt es in unserer Gruppe Konkurrenz?
Wie gehe ich / gehen wir damit um?
Welche Unterschiede stelle ich zwischen gemischten Gruppen und Frauengruppen fest?

c. Sich auf den Weg machen

Um den eigenen Weg zu reflektieren, bieten sich verschiedene Möglichkeiten an:
1. Tänze, wobei es ganz einfache mit dem Pilgerschritt sein können. Erklärungen verhelfen zu einer Bewußtmachung, wie: Wir blicken zurück und holen unsere Vergangenheit ein. Wir blicken in den Kreis, zu uns selbst und denen, die mit uns tanzen. Wir blicken nach vorn, also in die Zukunft.
2. Texte helfen uns, den eigenen Lebensweg zu vergegenwärtigen, z.B. die Erläuterung des „Adinkra“ (= Symbol aus Ghana) Sankofa: „Aus der Vergangenheit lernen: Schau, der Vogel ist klug, sein Schnabel pickt, zurückgewandt, das Beste alter Zeiten für heute. Unangefochten geht er dann voran, der Zukunft zu begegnen.“ (Evangelisches Missionswerk 1994, 68)
3. Eine weitere Möglichkeit ist es, eine Wegmeditation zu machen, entweder mit einem einzelnen Wegbild als Dia oder Folie, oder indem viele Wegbilder angeboten werden, aus denen sich die einzelnen Frauen ihr Bild aussuchen und den anderen Frauen den Zusammenhang mit ihrem Leben erklären. Eine solche Wegmeditation kann auch Einstieg in die gemeinsame Tagung sein und mit der Vorstellungsrunde verbunden werden.
4. Eine weitere Möglichkeit sind Bilder verschiedener „Lebenswege“, die Frauen eingeschlagen haben, wir könnten es auch „Berufe“ oder „Berufungen“ nennen, z.B. Bilder von beruflichen Tätigkeiten von Frauen, Bilder von Frauen, die alleine sind bzw. etwas tun, Bilder von Frauen, die mit Kindern oder alten Menschen dargestellt sind, Bilder von Hochzeiten oder Bilder von trauernden Frauen. Anhand eines oder mehrerer Bilder können die Frauen ihre Lebenswege beschreiben oder auch Trauer oder Freude ausdrücken, die sie mit ausgeschlagenen Alternativen verbinden.
5. Frauen können ihre Lebenswege auch beschreiben, indem sie aus angebotenen Symbolen ihren Weg zusammenstellen, z.B. Steine, Pelzchen, Stacheldraht, verwelkte Blumen, blühende Blumen, Verkehrsschilder, Ästchen …
An den aufgezeigten Möglichkeiten wird schon klar, daß sie für Frauen geeignet sind, die sich nur einmal treffen, aber

auch für feste Gruppen. Diese Gruppen können die Reflexion ausdehnen auf die Gruppenerfahrung. Um den gemeinsamen Weg als Gruppe zu reflektieren, bietet es sich an, Übungen zu machen, die zeigen: Wer steht wo in der Frauengruppe?
In jeder Gruppe zeigt es sich, wer Initiative ergreift, wer schweigsam ist, kurz gesagt: Was die einzelnen in die Gruppe investieren. Wir sind alle verschieden und haben doch unsere Gemeinsamkeiten. Die Verschiedenheiten und Gemeinsamkeiten werden erst im Laufe der Zeit deutlich. Im Klassenzimmer meiner Tochter hängt ein Spruch: „Jede/r kann etwas anderes gut." Dies zu erkennen und auszuleben, sollte das Ziel einer Gruppe sein. Doch leider kommt es oft schnell zu festgefahrenen Rollen. Es gibt methodische Möglichkeiten, mit diesem Phänomen umzugehen: Am Anfang jedes Treffens kann jede Frau erzählen, wo sie steht, wie es ihr geht. Die Einstiegsfragen könnten sein:

Übung:

1. *Mit welchen Gefühlen bin ich heute zur Gruppe gekommen?*
2. *Gibt es etwas oder jemand, die oder das mich heute besonders freut oder ärgert?*

Am Ende jedes Treffens kann wieder eine kurze Reflexion über das Treffen stehen. Mit den Fragen:

1. *Wie ging es mir mit dem heutigen Treffen?*
2. *Wurde das Thema so behandelt, daß es mir gut ging damit? Warum? Warum nicht?*
3. *Welcher Frau möchte ich heute besonders etwas sagen? Von welcher hätte ich gerne eine besondere Rückmeldung?*

Läuft in der Gruppe alles gut, so sind die Reflexionen nicht unbedingt erforderlich. Sie verhindern aber, daß es Probleme gibt, die unausgesprochen bleiben – vorausgesetzt, die Frauen sind ehrlich zu sich selbst und zur Gruppe.
Am Anfang sollte geklärt werden, wer die Gruppe leitet – ein Team, eine einzelne, wechselnde Leitung, bzw. die Frauen be-

reiten abwechselnd die Treffen vor. In bestimmten Abständen sollten Zufriedenheit oder Unzufriedenheit mit der Leitung ausgedrückt werden. Dabei sollten sowohl die Gruppenleitung und die Gruppenmitglieder berücksichtigen, daß Menschen sich verändern. Wenn Unzufriedenheit entsteht, so kann das verschiedene Gründe haben. Eine Aussprache darüber kann klärend sein, aber ist nicht in allen Gruppen möglich. Schwierige Gruppensituationen könnten eine Supervision erfordern.

Übung:

a. Fragen an die Gruppenmitglieder:

1. *Beschreiben Sie den Leitungsstil:*
   - *autoritär, d.h. die Leiterin bestimmt, Sie haben zu gehorchen.*
   - *laissez-faire, d.h. die Leiterin läßt sehr locker, letztlich bestimmt die Gruppe, was getan wird.*
   - *demokratisch, d.h. durch Mehrheitsentscheide wird über das Gruppengeschehen bestimmt.*
   - *Beschreiben Sie mit eigenen Worten, wie Sie die Leitung empfinden. Benutzen Sie die ersten Punkte als „Leitlinien“.*
2. *Wie sind Sie mit der Leitung zufrieden? Begründen Sie ihre Antwort!*
3. *Wie sind Sie mit der Gruppe bzw. der Reaktion der Gruppe auf die Leitung zufrieden? Begründen Sie ihre Antwort!*

b. Fragen an die Gruppenleiterin:

1. *Wie schätzen Sie ihren Führungsstil ein (s. a. 1.)?*
2. *Wie sind Sie mit sich selbst zufrieden? (Begründen Sie …)*
3. *Wie sind Sie mit der Gruppe zufrieden? (Begründen Sie …)*

Themenwahl und Methoden der Themenerarbeitung

Die Gruppenmitglieder sollten sich mit selbstbestimmter Regelmäßigkeit ein Treffen gönnen, in dem über die bisherigen Themen reflektiert wird.

Übung:

1. *Wie haben wir unsere Themen gefunden? Warum haben wir gerade diese Themen ausgewählt?*
2. *Welches Thema hat mich am meisten / am wenigsten betroffen gemacht? Warum?*
3. *Welches Thema hat mich am meisten / am wenigsten interessiert? Warum?*
4. *Wo war ich zufrieden mit der Behandlung der Themen? Warum?*
5. *Wo war ich unzufrieden mit der Behandlung der Themen? Warum?*
6. *Welche Möglichkeiten sehe ich, die Themen besser zu behandeln?*
7. *Wo sehe ich für mich selbst Möglichkeiten mitzuarbeiten? Wo sehe ich meine Grenzen?*
8. *Wer hat mir bei der Erarbeitung eines Themas besonders gut gefallen / nicht gefallen?*
9. *Welche Themen wünsche ich mir?*

Damit eine Gruppe zufrieden bleibt, muß sie lebendig bleiben. Für mich sind Reflexionen der Lebensnerv von Gruppen. Denn nur wenn möglichst alle sich möglichst gut in eine Gruppe einbringen können, ist gemeinsames Wachstum möglich. Kirchliche Frauengruppen unterscheiden sich von anderen Frauengruppen in ihrer Thematik, nicht in den Gruppenprozessen.
Diese Thematik soll uns in den nächsten Kapiteln beschäftigen: Über Gottesbild und Menschenbild der Priesterschrift soll es zu verschiedenen Frauenbiographien gehen. Wir wollen uns selbst befragen anhand der Lebensmöglichkeiten von Frauen früherer Jahrhunderte.

4. Frau und Mann – Ebenbild Gottes

Es wäre unlauter, wollten wir die „Heils"geschichte so darstellen, als hätten Frauen und Männer gleichen Anteil an Macht- und Ohnmachtserfahrungen, als hätten Frauen die gleichen Möglichkeiten gehabt, die Kirchengeschichte mitzubestimmen. Das, was wir von Frauen wissen, wurde meist aus männlichem Blick, mit männlichem Interesse berichtet. Und trotzdem finden Frauen wie Männer in der Bibel das Urgestein, auf dem sie ihren Glauben aufbauen können. Entscheidende Stelle für alles Reden vom „Menschen" ist die Stelle aus der Priesterschrift „Gott schuf den Menschen nach seinem Ebenbild, als Mann und Frau erschuf er sie." (Gen 1,27) Hier kann keine Rede sein von vor- oder nachgeordnet, von über- oder untergeordnet: Beide sind gleichzeitig nach Gottes Bild geschaffen. Und wer ist Gott, der/die uns Menschen geschaffen hat?

a. Gott, der nach seinem Bilde ...

Übung:

Denken wir einmal über unser Gottesbild nach: Dieses Nachdenken kann in einer Gruppe so geschehen, daß jede ihre Assoziationen zum Wort Gott auf einen Zettel schreibt, z.B. „Für mich muß Gott persönliche Freiheit ermöglichen, sonst kann ich nicht an ihn/sie glauben." Die einzelnen Zettel werden um eine gestaltete Mitte gelegt. Die Frauen können nun nachfragen, was einzelne Äußerungen bedeuten.

Dabei geht es nicht um Wertungen, sondern darum, daß Erfahrungen mit Gott/Gottesbildern in der eigenen Lebensgeschichte zum Ausdruck gebracht werden können. Frauen können Verwundungen und Verletzungen offenlegen und neue Bilder von Gott und für Gott gewinnen. Diese Bilder können gezeichnet werden, neue Liedtexte können andere Dimensionen eröffnen. Geborgenheit kann in gewohnten Bildern gefunden werden. Es könnten auch alle Bilder, in denen Gott in der Bibel beschrieben wird, auf Zettel geschrieben und in die Mitte dazu gelegt werden. In Texten, in denen Frauen ihr Gottesbild im Laufe der Heilsgeschichte beschrieben haben, können sich Frauen heute wiederentdecken. Verschiedene bildliche Darstellungen von Sophia, Heiligem Geist, Jesus oder Gottvater können vorgelegt werden. Diese Beschäftigung mit Bildern von Gott kann in eine Frauenliturgie münden:

Anregungen für unser spirituelles Leben:

Anhören des Liedes „Abschied vom himmlischen Vater" von Claudia Mitscha-Eibl (Lust und Liebe, 5):

Wir sprechen darüber und sammeln, welche Namen wir Gott geben.

Wir singen: Wir strecken uns nach Dir, Text: Karl Barth, Musik: Peter Janssens, (in: Wenn Himmel und Erde sich berühren, im folgenden abgekürzt: Himmel 51)

Wir sprechen darüber, falls die Gruppe zu dem Ergebnis kommt, daß Gott eingeengt wurde in ihrer Vorstellung. Als Gebet eignet sich:

Du Urbild von Mann und Frau,
der Du beide, Mann und Frau,
Dir zum Bilde geschaffen hast,
vergib uns,
daß wir Dir nur männliche Namen gegeben
und weibliche vorenthalten haben.
Laß uns Deine weiblichen Züge
entdecken, lieben und aus ihnen leben.
Amen.
(Berthild Boueke v. Waldthausen, in: Lissner 1987, 74)

Die Frauen können selbst Wortspiele versuchen und in einer Art Litanei ihr altes oder neues Gottesbild zum Ausdruck bringen:

Ruach Gottes
spricht wie sie will
weht wo sie will
ruft wen sie will
setzt sich nicht
zur Ruhe
(Voß-Goldstein 1987, ^{3}1991, 77)

Mein Ergebnis war folgende „Litanei“:

Geborgenheit spendende Zuflucht,
Friede gebender Hort,
mich in die Weite lockende Verheißung,
mich stärkende Wegzehrung,
vor mir aufleuchtende Hoffnung,
in mir keimende Kraft

Ruach Gottes
spricht wie sie will
weht wo sie will
ruft wen sie will
setzt sich nicht
zur Ruhe

Du, die mich treibt bei Schlägen nicht aufzugeben,
Du, der mich stärkt gegen Schwierigkeiten anzugehen.

Ruach Gottes
spricht wie sie will
weht wo sie will
ruft wen sie will
setzt sich nicht
zur Ruhe

Mut, den ich verloren und wiedergefunden habe,
Trauer, die mich nicht verläßt, aber nicht mehr so schmerzt.
Einsamkeit, die mich betrifft,
Gemeinschaft, die mich erhält.
Sicherheit, in der ich mich wiegen kann,
Verlassenheit, die mich überfällt.

Ruach Gottes
spricht wie sie will
weht wo sie will
ruft wen sie will
setzt sich nicht
zur Ruhe

Du, die mich aufrichtet und mich meinen Weg gehen läßt,
Du, der Du mir die Augen öffnest für meine guten und schlechten
Seiten.

Ruach Gottes
spricht wie sie will
weht wo sie will
ruft wen sie will
setzt sich nicht
zur Ruhe

Zum Abschluß kann das Lied von Karl Barth vom Anfang wiederholt werden.

Alternativen:

Lieder mit weiblichen Gottesbildern
- Komm Mutter Geist
- Mutter Geist (beide von Sybille Fritsch, Himmel 55 und 56)
- Ruach (Himmel 57 aus dem Ökumenischen Frauenliederbuch)
- Ruach Atem und Wind (von Ursula Jung, Himmel 58)

6 Bildmeditationen zum Thema Gottesbilder: Materialbrief Folien 2/1992, Deutscher Katecheten Verein e.V. München, darunter: Das Kreuz von Neufahrn, Das weibliche Antlitz Gottes von Luzy d'Souza

Wenn sich die Mitglieder der Gruppe über ihr eigenes Gottesbild klar geworden sind und keine Fragen mehr an das Gottesbild der anderen haben, sollten sie ihr Menschenbild anfragen. Sie sollten das Menschenbild, das ihnen vermittelt wurde, mit dem Menschenbild in Beziehung setzen, das in der Priesterschrift vermittelt wird. Hier können auch die Methoden angewendet werden, die später unter Modell 1–3 vorgestellt werden. Außerdem ist zum Erschließen jedes Bibeltextes auch die Methode des „Bibelteilens“ geeignet, da sie ohne Fachfrauen auskommt und jede Meinung ernst nimmt.

b. Als Frau und Mann schuf er sie

Wir wissen, daß es in der Bibel zwei Erzählungen von der Erschaffung der Menschen gibt: In der jüngeren „Priesterschrift“, die von Schriftgelehrten oder Priestern nach dem Babylonischen Exil geschrieben wurde (586–538 v. Chr.), werden Frau und Mann gleichzeitig erschaffen. Es gibt nur Aussagen über beide. Im Schöpfungsbericht des sogenannten „Jahwisten“, er nennt Gott Jahwe, wird die Frau nach dem Mann aus seiner Rippe erschaffen. Dies führte durch die Jahrhunderte dazu, daß die Frau weniger wert sein sollte als der Mann. Hören wir dazu Claus Westermann: „Es ist durch die Strafe nichts daran geändert, daß die Frau in ihrer Zugehörigkeit zum Mann und in ihrer Mutterschaft die Erfüllung ihres Daseins und ihre Ehre in der Gemeinschaft hat … Ebenso ist das Herrsein des Mannes bzw. die Unterordnung der Frau … ein menschliches Phänomen, das mit der körperlichen Beschaffenheit von Mann und Frau zusammenhängt.“ (Westermann 1976, 357)
Der Text von Gen 1, 27, aus der Priesterschrift lautet:
„Gott schuf also den Menschen als sein Abbild; als Abbild Gottes schuf er ihn. Als Mann und Frau schuf er sie.“ Als Erläuterung zu beiden Schöpfungstexten sagt Papst Johannes Paul II.: „Der biblische Text liefert ausreichende Grundlagen, um die wesentliche Gleichheit von Mann und Frau im Menschsein zu erkennen. Beide sind von Anfang an Personen, zum Unterschied von den anderen Lebewesen der sie umgebenden Welt. Die Frau ist ein anderes ‚Ich‘ im gemeinsamen Menschsein.“ (Mulieris dignitatem 6) Dieses Zitat deutet darauf hin, daß diese Stelle in der Geschichte der Kirche oft und

verschieden interpretiert wurde. Das „andere Ich im gemeinsamen Menschsein“ sagt nichts über die Rollenverteilung – oder? Wie später Elisabeth Schüssler-Fiorenza darstellt, interpretieren Menschen in Exegese und Verkündigung. Doch lassen wir nicht nur andere interpretieren, sondern wagen wir es selbst:

Übung:

1. *Wie stelle ich mir die Erschaffung des Menschen heute vor? (Hier können Sie aufschreiben, aufmalen oder auch mit Ton modellieren, wenn die Möglichkeit zum Brennen gegeben ist.)*
2. *Wie habe ich mir als Kind die Erschaffung des Menschen vorgestellt?*
3. *Die Gruppe liest verschiedene Bilderbibeln bzw. Kinderbücher, die die Erschaffung des Menschen darstellen. Welche Empfindungen haben Sie dabei – haben die Kinder dabei bzw. sollen die Kinder dabei haben?*
4. *Was ist die wesentliche Aussage bei der Erschaffung des Menschen? (Dazu benötigen alle die Schöpfungsberichte der Bibel). Welche Auswirkungen hat es / hätte es, wenn sie ernst genommen wird?*
5. *Wir betrachten Bilder, die die Erschaffung des Menschen zeigen. Wie geht es uns mit diesen Bildern? Was wollten die SchöpferInnen dieser Bilder aussagen? Was sagt uns das Bilderverbot der Bibel in diesem Zusammenhang?*

Die Fragen beantworten die einzelnen Frauen zuerst für sich, dann werden sie in der Gruppe besprochen. Wie jede Beschäftigung mit uns selbst mit einer Meditation/Stilleübung/Atemübung ... beginnen könnte, so sollte sie wieder mit einer Möglichkeit enden, zu mir selbst, zueinander und zu Gott zu kommen, am besten in einem Gottesdienst.

Anregungen für unser spirituelles Leben:

Die Textstelle Gen 2,17 wird gemeinsam gelesen. Die Frauen können Bitten und Gedanken dazu äußern. Ihre eigenen Gottes- und Menschenbilder gehören in den Mittelpunkt dieses Gottesdienstes und sollten „Fremdbilder" ersetzen. Deshalb finde ich hier die Auseinandersetzung mit bildlichen Darstellungen unangebracht. Wir können hier unsere Bilder malen – also mit Farben ausdrücken, was wir empfinden – oder auch mit Wollfäden oder Blättern kleben. Wagen Sie es, selbst zur Sprache zu kommen – es bietet sich auch an, Lieder „fraueneinschließend" umzuschreiben, z.B Gotteslob 291, Strophe 2.

5. Vom Umgang mit Vorbildern

Bild: Frauen erleben Gewalt

Zwei Frauen stützen eine Frau, die mißhandelt wurde, eine andere Frau zerstört die Ursache des Leides der mißhandelten Frau.

Es fällt mir schwer, zu diesem Bild etwas zu schreiben, da es immer schwer ist, mit sichtbarem Leid konfrontiert zu werden. Wir verstummen – und wissen doch, wie sehr wir uns danach sehnen, daß andere Worte finden, wenn uns selbst das Leid trifft. Wir wünschen uns, handeln zu können wie die Frau im Hintergrund – Möglichkeiten zu finden, das zu zerstören, was uns leiden läßt. Aber gestehen wir uns das wirklich ein – etwas, vielleicht jemand zu zerstören? Dürfen wir uns wehren, wenn uns Leid geschieht – und wie weit können wir gehen? Wo entfernen wir uns von unseren Idealen? Was können wir verkraften? Wo sind unsere Grenzen im Leid? Wer kann sie stecken?

a. Meinen Bildern auf die Spur kommen

Für mich war es ein Aha-Erlebnis, als ich vor vielen Jahren in einem Buch las, daß Frauen sich selten Lebensentwürfe machen. Sie wollen den Erwartungen gerecht werden, die andere an sie haben. Dadurch schlittern sie in Beziehungen oder in einen Beruf, ohne letztlich selbst gewählt zu haben. Diese Gedanken haben mich beeindruckt, weil ich feststellen mußte, daß sie auf mich zutrafen. Als Folge davon begann ich Frauen, die ich kannte, nach ihren Lebensentwürfen zu befragen. Bei Frauen der vorigen Generation, deren Leben ich selbst ziemlich langweilig fand, stellte ich fest: Sie haben dieses Leben gewählt und sind – zu meinem Erstaunen – zufrieden damit. Dies läßt sich sicher nicht verallgemeinern. Wir Frauen heute haben mehr Möglichkeiten als frühere Frauengenerationen zu einem bewußten Lebensentwurf, aber ob und wie wir diese Möglichkeiten ergreifen, liegt an uns. Es schließt nicht aus, daß Männer mehr Möglichkeiten haben bzw. mit anderen Rollenerwartungen konfrontiert sind.

Beim Netzwerketreffen in Bad Boll im November 1990 leitete ich einen Arbeitskreis zum Thema „Weibliche Vorbilder", in dem sehr kontrovers diskutiert wurde. Eine Frau fand es gefährlich, sich von Vorbildern leiten zu lassen, weil für sie dadurch die Gefahr entsteht, daß frau sich selbst gering schätzt. Ich denke, jedes menschliche Vorbild hat seine Schwächen und Stärken, auch wenn es in der Literatur nicht immer so dargestellt wird oder wurde.

Wir müssen lernen, hinter die Kulissen zu blicken. An Vorbildern gibt es bestimmte Züge, die anderen Menschen Kraft und Mut geben können, um diese geht es mir hier. Für mich bedeutet die Auseinandersetzung mit den Vorbildern eine Möglichkeit, mir darüber klar zu werden, wie ich leben möchte oder wie ich nicht leben möchte. Doch damit ich andere beurteilen kann, muß ich mir klar machen, wer ich bin und welche Bilder ich in mir trage. Unter Bildern verstehe ich hier Vorbilder, Idealbilder, aber auch Negativbilder. Anders ausgedrückt: Was bilde ich mir ein, was ist mir ein-gebildet, das mich fördert oder hindert, ich selbst zu werden bzw. zu sein? Um diese Frage beantworten zu können, müssen wir unseren

Lebensweg unter die Lupe nehmen. Wenn es Ihnen hilft, so nehmen Sie ihre Fotoalben, um Bilder aufsteigen zu lassen – andererseits sind Sie dadurch auf bestimmte Bilder festgelegt. Entscheiden Sie selbst!
Diese Übung erfordert viel Zeit – und ihre Aufarbeitung Vertrauen zu der/den anderen. Teile davon können mit den Vorbild-Frauen in den folgenden Kapiteln verbunden werden. Rollenspiele oder andere gestalterische Möglichkeiten verhindern, daß diese Fragen an uns selbst zu trocken werden. Für mich ermöglichen diese Fragen in ihrer Gesamtheit, was das Ziel dieses Kapitels ist: Ich komme meinen Bildern auf die Spur.
Nicht erwähnt habe ich bisher die Möglichkeit, durch Märchen zu meinen „Ur"-bildern zu kommen. Der einfachste Einstieg dazu ist, sich zu fragen:

Übung:

1. *Welches Märchen hat mir in meiner Kindheit am besten gefallen? Warum?*
2. *Welches Märchen gefällt mir heute am besten? Warum?*

Im Gespräch darüber und v.a. auch im gegenseitigen Erzählen der Märchen werden viele Bilder in Ihnen aufsteigen. Sich die eigenen Bilder ins Bewußtsein zu rufen, braucht viel Zeit. Hilfreich ist dabei, sich Träume aufzuschreiben. Mir ist es sehr wertvoll, wenn ich Freundinnen, Freunde und Verwandte befragen kann, wie sie mich als Kind erlebt haben – bzw. Erinnerungen auszutauschen. Wenn wir dabei über die „Erlebniserzählung" hinausgehen und zu unseren Gefühlen bei diesen Erlebnissen vorstoßen, entdecken wir vieles neu.

Übung:

1. *Welche Menschen haben meine Kindheit geprägt?*
2. *Was waren / sind ihre hervorstechendsten Eigenschaften?*
3. *Ordnen Sie jeder Person einen oder mehrere Sätze zu, die Sie von ihr oft gehört haben bzw. die charakteristisch für sie oder ihn sind!*

4. *Wie stehen Sie heute zu diesen Personen? – Denken Sie gern an sie zurück? Warum – warum nicht? – Gibt es etwas, was Sie diesen Personen gerne noch sagen möchten? – Wenn es so etwas gibt, so schreiben Sie bei nächster Gelegenheit dieser Person einen Brief (natürlich auch, wenn sie nicht mehr lebt, oder für Sie nicht mehr erreichbar ist). – Wie erleben Sie sich selbst heute in Gedanken an diese Personen?*
   a. als gleichberechtigte Erwachsene
   b. als Kind / Jugendliche. Warum?
5. *„Ich bin ich. So wie ich heute bin, bin ich geworden. Ich kann nichts mehr daran ändern. Ich nehme mich an, wie ich geworden bin.“ Sprechen Sie diese Worte laut vor sich hin. Was empfinden Sie dabei? Drücken Sie es aus (bildlich, schriftlich …)!*
6. *Zeichnen Sie Ihren Lebensweg! Da Sie ihn ja nicht allein gegangen sind, weisen Sie bitte den Menschen, die mit Ihnen gehen bzw. gegangen sind die entsprechenden Plätze / Wege zu. – Was empfinden Sie jetzt? Lassen Sie sich Zeit, Ihren Gefühlen nachzuspüren und sie auszudrücken.*
7. *Was gefällt Ihnen an Ihrem Lebensweg?*
8. *Was stört Sie an Ihrem Lebensweg?*
9. *Wie wollen Sie weitergehen? Mit wem wollen Sie weitergehen?*
10. *Wie werden Sie weitergehen? Welche Hindernisse stehen Ihrem „idealen“ Lebensweg im Wege?*
11. *Gibt es Vorbilder (Heilige, „gute Menschen“, PolitikerInnen), die Ihr Leben beeinflußt haben?*
12. *Beschreiben Sie kurz, warum gerade dieser Mensch sie fasziniert (hat) und was Ihnen das heute bedeutet.*

b. Neue Bilder „entwerfen“

möchte ich, indem ich Christa Wolf sprechen lasse. Sie hat ein Buch mit Texten von Caroline von Günderrode veröffentlicht. In einem Essay zeigt Christa Wolf Caroline von Günderrodes Aktualität auf. Caroline von Günderrode wurde 1780 gebo-

ren, 1806 hat sie Selbstmord begangen. In Hanau aufgewachsen, trat sie in ein evangelisches Damenstift in Frankfurt ein. Die Mutter konnte nach dem Tod des Vaters die Töchter nicht mehr versorgen. Im deutschen Dichterlexikon wird sie als phantasiereiche romantische Schwärmerin von empfindsamen, stark melancholischen Zügen beschrieben, erst in unserer Zeit wird sie wiederentdeckt. Das Lexikon schreibt über ihren Tod: „Als Karoline von Günderode davon erfuhr (daß Friedrich Creutzer sich nicht von seiner Frau trennen wollte I.L.), erdolchte sie sich auf dem Friedhof von Winkel am Rhein.“ (Wilpert 1976, 256)
Doch hören wir Christa Wolf: *Was mich tötet, zu gebären:*
„Ich habe diese Nacht einen wunderbaren Traum gehabt, den ich nicht vergessen kann. Mir war, ich läg zu Bette, ein Löwe lag zu meiner Rechten, eine Wölfin zur Linken und ein Bär mir zu Füßen. Alle halb über mich her und in tiefem Schlaf. Da dachte ich, wenn diese Tiere erwachten, würden sie gegeneinander ergrimmen und sich und mich zerreißen. Es war mir fürchterlich bange, und ich zog mich leise unter ihnen hervor und entrann. Der Traum scheint allegorisch, was denken Sie davon?“ (ebd.)
Friedrich Creutzer, an den Brief und Frage gerichtet sind, äußert sich nicht zu der Günderode allegorischem Traum. Die reißenden Tiere, von denen die Frau sich umgeben sieht, mögen ihn erschreckt haben, so wild träumt er wohl nicht. Die Günderode, eine begabte Träumerin, wird ihren Traum verstanden haben, der ihre Lage so überaus genau beschreibt. Ihre einander ausschließenden Wünsche, Begierden und Leidenschaften – erwachten die, ließe sie die los, sie müßten sie zerreißen. Diesen wenigen Frauen, die der Konvention der Versorgungs- und Standesehe entronnen sind, die ein persönliches Liebesverlangen ausdrücken, steht die verwundende Erfahrung bevor, daß ihre Art Liebe nicht erwidert werden kann – eine Erfahrung zum Tode; ein Motiv, daß sich durch die Dichtung von Frauen über fast zwei Jahrhunderte zieht.
Die Günderode schlägt den Ton an:

„Überall Liebe

Kann ich im Herzen heiße Wünsche tragen?
Dabei des Lebens Blütenkränze sehn,
Und unbekränzt daran vorüber gehn
Und muß ich trauernd nicht in mir verzagen?

Soll frevelnd ich dem liebsten Wunsch entsagen?
Soll muthig ich zum Schattenreiche gehn?
Um andre Freuden andre Götter flehn,
Nach neuen Wonnen bei den Todten fragen?

Ich stieg hinab, doch auch in Plutos Reichen,
Im Schooß der Nächte, brennt der Liebe Glut,
Daß sehnend Schatten sich zu Schatten neigen.
Verlohren ist, wen Liebe nicht beglücket,
Und stieg er auch hinab zur styg'schen Flut,
Im Glanz der Himmel blieb er unentzücket."
(ebd.)

Dies Gedicht schickt sie im Mai 1805 an Friedrich Creutzer. „Ich soll auf die Liebe verzichten?" ... Und mehr als anderthalb Jahrhunderte später fragt – beinah im gleichen Versmaß, jedenfalls im gleichen Sinn wie die Günderode – Ingeborg Bachmann:

„Erklär mir, Liebe, was ich nicht erklären kann:
sollt ich die kurze schauerliche Zeit
nur mit Gedanken Umgang haben und allein
nichts Liebes kennen und nichts Liebes tun?
Muß einer denken? Wird er nicht vermißt?"
(Bachmann, in: ebd.)

„Ein Verhängnis. Der gleiche Augenblick, der Frauen befähigt, zu Personen zu werden – was heißt, ihr ‚wirkliches Selbst' hervorzubringen, und sei es wenigstens im Gedicht –, dieser gleiche historische Augenblick drängt die Männer zur Selbstaufgabe, zur Selbstzerstückelung, beschädigt ihre Fähigkeit zu lieben, zwingt sie, die Ansprüche unabhängiger, zur Liebe fähiger Frauen als ‚unrealistisch' abzuweisen. Sachlichkeit wird ihnen abverlangt; die sich dem Gebot nicht unterwerfen können, die Dichter, werden ins Abseits gedrängt (‚Wohin denn ich?‘, Hölderlins Klage ...). Frauen, auf ausschließliche Liebe, rückhaltlose Hingabe angewiesen, erfahren das Grauen, zu zweitrangigen Objekten gemacht zu werden: Hier sind die Wurzeln auswegloser Leidenschaften. Das Erlebnis mit sich selbst zugleich das eigene Unglück hervorzubringen, ‚was mich tötet zu gebären‘ (Gedichtzeile von Caroline von Günderode, I.L.), muß zur Versteinerung oder zur gesteigerten Empfindlichkeit führen. Je unbedingter, je bedeutender die Günderode als Dichterin wird, um so ungeeigneter wird sie zu einer Verbindung mit einem Mann, der an ein ‚bedingtes‘ Leben gefesselt ist. Lieben müssen, aber sich nicht eignen für das bürgerliche Frauenleben – wie soll der Widerspruch sich auflösen. Die eignen Möglichkeiten gewaltsam niederhalten, oder zu Einsamkeit, Lieb-Losigkeit verurteilt sein: kein Ausweg. Creutzer treibt sein Gefühl für sie bis zur Anbetung, fast bis zur religiösen Verehrung – aber auf gewöhnliche irdische Weise mit ihr zusammenleben, das kann er nicht. Er kann es wirklich nicht.“ (Wolf 1979, 41–44)

Übung:

1. *Caroline von Günderode hatte weniger Möglichkeiten als Sie heute, ihre Wünsche zu leben. Unterstreichen Sie im Text, wodurch Caroline von Günderode eingeschränkt wurde, und schreiben Sie es so auf, daß die wichtigste Einschränkung zuletzt kommt.*
2. *Welche Wahlmöglichkeiten haben Sie, die Caroline von Günderode nicht hatte?*
3. *Sind in Christa Wolfs Aufsatz Gedanken enthalten, die Sie auch schon hatten? Welche sind es?*
4. *Tragen Sie Christa Wolfs Gedanken und Caroline von Günderodes Erfahrungen in folgende Skala ein: – überholt – aktuell – überspannt – realistisch – für mich bedeutsam – für mich unbedeutend.*
5. *Welche Rollenbilder werden hier Frau und Mann zugeordnet? – Welche Rollenbilder werden den Geschlechtern heute zugewiesen?*
6. *Wie wichtig sind Ehe bzw. Beruf für Frauen bzw. Män-*

ner heute? Beantworten Sie diese Frage für sich selbst – und schätzen Sie ein, ob und wieweit Sie sich vom gesellschaftlichen Bild unterscheiden bzw. entfernen!

Neue Bilder kann ich nur entwerfen, wenn ich mir meiner alten Bilder bewußt bin. Der Text von Christa Wolf sollte Ihnen helfen, sich über Ihre Lebensziele klar zu werden. Unrealistisch wäre es zu glauben, daß Sie dadurch von heute auf morgen Ihr Leben völlig ändern werden, weil Sie jetzt „wissen", wo Sie bisher gegen Ihre innere Stimme gehandelt haben. Schuldzuweisungen sind nicht der richtige Ansatzpunkt. In dem Buch „Ich bin eine Hexe" von Judith Jannberg (Ihnen vielleicht bekannt durch „Ich bin ich") fand ich einen Rezeptzettel für die Reise zum Selbst. Er war mir Ansporn, mir meine christliche Sozialisation bewußt zu machen:

- „Sei selbst-süchtig. Sei süchtig nach deinem eigenen Selbst. Laß nicht nach in deinem Bemühen, herauszufinden, wer du im Grunde deiner Seele bist.
- Liebe dich. Dein Körper, dein Geist, dein Verstand und deine Seele sind Ausdruck deines Selbst. Schau genau hin und liebe alles, was du wahrnimmst. Es ist deine Wahrheit, und diese Wahrheit ist in dauernder Veränderung und immer wieder von neuem wahr.
- Liebe nicht mehr als du geliebt wirst. Liebe – ja! Aber nicht um jeden Preis. Der Preis deines Selbst ist zu hoch. Liebe ihn, aber ‚verkauf ihm nicht deine unsterbliche Seele'.
- ‚Die Wahrheit ist jedem zumutbar.' (Ingeborg Bachmann) Mit jeder Lüge und jedem Selbstbetrug treibst du dich von dir weg. Mit jeder Wahrheit gibst du dir und anderen Orientierung.
- Sei und handle identisch. Überprüfe ständig, ob dein Gefühl, deine Gedanken, dein Handeln übereinstimmen. Erlaube keine Entfremdung von deiner inneren Stimme, von deiner Intuition.
- Verweigere dich. Die Verweigerung der Opferrolle und einer entfremdeten Sexualitität ist ein legitimes Mittel der Selbstverteidigung.
- Vermeide ‚giftige' Personen. Entziehe dich dem patriarcha-

lischen Leichengift. Du mußt dich nicht ständig verteidigen. Deine Energie brauchst du zum Aufbau, zum konstruktiven Handeln. Zur Abwehr vergeudest du sie nur.

- Suche ‚fruchtbare' Personen. Suche Menschen, die dich und deinen Wunsch nach Wachstum verstehen, nachvollziehen und fördern.
- Suche die Gruppe. Gehe in eine oder gründe eine Frauen(Männer)-gruppe, um in regelmäßigen Abständen deine Identität überprüfen zu lassen und um dich im Schonklima von Gleichgesinnten zu stärken, zu entwikkeln, zu wachsen, um immer gesünder, schöner, stärker und ‚göttlicher' zu werden. Alles, was du zu deiner Vollendung brauchst, hast du, wenn auch verborgen, in dir.
- Freiwillige Armut. Entziehe dich dem Sog des bequemen Lebens. Mache eine ehrliche Bedürfnisanalyse: was brauche ich zum Über-Leben, Leben, Er-Leben. Was brauche ich wirklich und was nicht? Von wem kann ich das bekommen, was ich brauche? Frage dich: ‚Brauche ich ihn wirklich?'
- Trenne dich. Trenn dich von ihm, wenn er sich nicht ändern will. An einer gescheiterten Ehe/Beziehung ist immer derjenige schuld, der sein Wachstum verweigert. Leidtragende in einer Familie der Wachstumsverweigerung sind immer die Kinder.
- Sei nicht feige und auch nicht träge. Feigheit und Trägheit sind nach Simone Weil große Hindernisse bei der Selbstverwirklichung. Ball deine Fäuste und spür deinen gerechten Zorn, der ein ‚heiliger' (heilsamer) Zorn ist, wenn du ihn gegen lebensfeindliche Eigenschaften und Verhaltensweisen von Personen deiner Umgebung richtest. ‚Mach kaputt, was dich kaputtmacht.' Es ist besser, eine Laserstrahl-Aggression gegen unterdrückerisches, chauvinistisches, ausbeuterisches Verhalten zu richten, als dich oder/und deine Kinder kaputt machen zu lassen.
- Haarscharf der Angst entlang. Der Wegweiser für richtiges und mutiges Verhalten ist die Angst. Nimm das Risiko einer kleinen Angst auf dich und sieh dann, wie sie sich auflöst, indem du das Angstvolle tust. Auf diese Weise wirst du immer mutiger und stärker.

- Schweige nicht, mach den Mund auf. Zu Unrecht und zur Unwahrheit schweigen wird von den mächtigen Ungerechten als Zustimmung gewertet. Bei Angriffen gegen das weibliche Prinzip machen wir Frauen uns mitschuldig, wenn wir uns ‚unseren Teil' zwar denken, aber schweigen. Mach den Mund auf und sprich von deinen Gefühlen (Trauer, Entsetzen, Haß, Wut), die auftreten, wenn die Person neben dir deine Würde als Frau beleidigt.
- Erzähl deine Geschichte. Sprich mit ‚fruchtbaren' Personen über dich und deine Fortschritte. Sprich mit dir selbst, indem du eine tägliche Tagebucheintragung machst und dir damit immer näherkommst. Kommuniziere mit ‚fruchtbaren' Autorinnen und Autoren, indem du dir beim Lesen Bekräftigung holst." (Jannberg 1985, 113–115)

Mir als Christin stoßen einige Aussagen von Judith Jannberg auf. In andern finde ich mich wieder. Manche Argumente fallen in Diskussionen mit Frauen, die von der Kirche nichts mehr wissen wollen. Wir sollten uns mit Frauen auseinandersetzen, die der Kirche ade gesagt haben und ihre eigene, frauenbestimmte Religion suchen. Gemeinsam ist unsere Grundbetroffenheit, verschieden sind die Konsequenzen, die wir ziehen: „Ich fordere die katholische und die protestantischen Kirchen auf, für den Massenmord an Frauen Verantwortung zu übernehmen. Ich verlange, daß sich die heutigen Repräsentanten dieser Institutionen, daß sich die Amtskirche offiziell ent-schuldigt und daß die heutigen Glaubensanhänger sich persönlich da, wo sie sich schuldig gemacht haben und noch machen bei der Frau entschuldigen und ihren Glauben und ihr daraus kommendes Verhalten korrigieren." (Jannberg 1985, 111–112) Natürlich spielt Judith Jannberg hier auf die Hexen an, aber auch auf jegliche Diskriminierung von Frauen in den Kirchen von heute. Machen wir uns unsere eigenen Standpunkte anhand der Texte Judith Jannbergs klar. Jede Frau arbeitet für sich. Anschließend werden die Gedanken in der Gruppe besprochen.

Übung:

1. Mit welchen Gedanken stimme ich überein (sortiert in

der Reihenfolge ihrer Bedeutsamkeit)?
2. *Welche Gedanken stoßen mich ab?*
3. *Wo hat sie ihre Gedanken in Auseinandersetzung mit den Kirchen bzw. gegen die Kirchen geschrieben?*
4. *Was würde ich Frau Jannberg wünschen?*
5. *Wie wird sie mir antworten?*

In der Auseinandersetzung mit Judith Jannberg ist uns klar geworden, wo wir stehen, was wir wollen – und was wir nicht wollen. Doch wie werden unsere neuen Lebensentwürfe lebendig?

c. Von der Umsetzung der Bilder

Ein Themenheft der Frauenseelsorge in Bayern heißt „Zur sprache zur welt zu sich kommen". Dies wird ein Mensch, „wo der Mensch ganz anwesend ist:

- als Empfangender wie als Gebender. Wort und Sprache werden stets von neuem geschenkt; und zugleich gelingt es ihm in diesem Augenblick, etwas ganz Persönliches und Einmaliges auszusprechen im Wort.
- als Hörender wie als Sprechender. Richtiges Sagen aktiviert die Kraft des Hörens stärker als nur Da-Sitzen und Hören. Richtiges Sagen muß lauschen auf die innerste Gestimmtheit des Gegenübers, damit es nicht ihn und damit den Sinn des Sagens verfehlt.
- als Einzelner wie als Glied der Gemeinschaft. Sprache ist niemals eine persönliche Errungenschaft; sie wird gesprochen von der Sprach-Gemeinschaft. Aber zugleich wird Sprache erst voll sie selbst, wo sie ganz persönlich angeeignet ist.
- im geistigen Durchdringen wie in ehrfurchtsvoller Scheu. Nur an der Oberfläche ist das Wort ein rationales Auflösen und Bescheidwissen; in der Tiefe zeigt es sich als Hüter des Geheimnisses auch gegenüber der Erfahrungssucht, die alles einbringen möchte in das Gegenwartserleben.
- in Liebe, in Freiheit und in Erfahrung. Die Tiefe eines gesprochenen und geschriebenen Wortes geht nur dem auf,

der hinter dem Wort einen lebendigen Menschen, eine Person ahnt; der diesem Menschen den Vorschuß an Vertrauen gibt, der nur aus Liebe geboren werden kann, der diesen Menschen als Freien in Freiheit bejaht.
- in Selbst-Werdung und Offenheit für andere. Nur an der Oberfläche besteht zwischen beidem ein Widerspruch. Gerade die Liebes- und die Wort-Erfahrung bringen ins Erleben, daß die Du-Begegnung die höchste Selbstwerdung ist.
- in Ruhe und Einsatz. Immer wieder sollte man im Wort erfahren, daß der Gegensatz zwischen Aktivität und Passivität überwunden ist und der Mensch die gemeinsame Wurzel von beiden ergreift." (Sudbrack 1982, 112)

Zur Umsetzung der Bilder können hier nur Hinweise gegeben werden, Hinweise, die in zwei Richtungen gehen: Selbstfindung – und Partnersein, menschliches und göttliches Gegenüber, ein kurzer Text soll ausdrücken, wie ich es verstehe (aus einer Hochzeitspredigt, die ich zum „Schatz im Acker" gehalten habe):

Mein „Schatz"
Mein „Schatz" bist Du nicht, wenn Du mir zu Gefallen Dich verstellst. Mein Schatz bist Du nicht, wenn Du mir zuliebe aufgibst, was Dir guttut. Mein Schatz bist Du, wenn Du uns zuliebe zu Dir selbst kommst. Mein Schatz bist Du, wenn Du meine Fehler siehst und erträgst. (Wer hat gesagt, daß dies klaglos sein muß?!) Mein Schatz bist Du, wenn Du mir sagst, was Dich quält. Mein Schatz bist Du, wenn ich weiß, was Dich trösten kann. Mein Schatz bist Du, wenn wir miteinander Wunden verbinden und Wunden ertragen können. Wir schätzen aneinander den Raum, den wir uns lassen beieinander und bei sich zu sein.

Um die Umsetzung der Bilder wird es in den folgenden Kapiteln gehen, wenn wir jede Frau fragen, was ihre Art zu leben für unser Leben zu sagen hat. Ob ich einlösen kann, was ich versprochen habe, will ich im Kapitel über das Nachdenken überprüfen. Eigene Erfahrungen in der Arbeit mit Frauen werden jetzt immer wieder einfließen. Vielleicht stellen Sie fest, daß es Ihnen ähnlich geht oder ging wie mir und den Frauen, von denen ich erzähle. Doch zuvor möchte ich theoretisch werden, ich hoffe, Sie haben Verständnis – und verstehen durch den Ansatz „meine“ Praxis besser.

Wenn ich einen Tag lang oder auch einige Tage lang mit Frauen gearbeitet habe, so schließe ich unsere gemeinsame Zeit immer mit einem Gottesdienst ab. Ist genügend Zeit, so bereiten wir ihn gemeinsam vor, ist wenig Zeit, bringe ich einen vorbereiteten Gottesdienst mit, bemühe mich aber immer, die Ereignisse des Tages einfließen zu lassen.

Wie bereite ich einen Gottesdienst vor?

1. Themensuche:
Die Wahl des Themas kann sich richten nach:
dem Kirchenjahr, z.B. Osterzeit,
einem Festtag, z.B. Todestag der hl. Teresa von Avila,
oder den Bedürfnissen der Gemeinde oder Gruppe, die den Gottesdienst feiert, z.B. Tod eines geliebten Menschen, Hochzeit ...
Die Gruppe sollte sich darüber klar werden, in welche Richtung das Thema geht und ein Ziel formulieren, z.B.: Wir möchten aus Anlaß des Muttertages einen Gottesdienst feiern, der unser Selbstverständnis als Mütter ausdrückt.

2. Bibeltexte:
Im Anhang der Bibeln finden sich Stichwortverzeichnisse, nach denen zu einem bestimmten Stichwort, z.B. Fasten, entsprechende Bibelstellen herausgesucht werden können. Vielleicht achten Sie beim Einkauf der Bibel auf ein ausführliches Stichwort- oder auch Namensverzeichnis.
Hilfe leisten kann hier auch das „Praktische Bibellexikon“, wo Kurzinformationen zum Thema einen guten Überblick verschaffen.

3. Lieder und Texte:
Sehr schön sind natürlich selbstgestaltete Texte oder Lieder. Am leichtesten fällt es sicher den meisten Frauen, die Fürbitten frei zu formulieren. Wenn vorgeformte Gebete genommen werden, können diese gern nach eigenen Bedürfnissen ergänzt werden, oder es werden Teile weggelassen.

Hier helfen wieder die Inhaltsverzeichnisse der einzelnen Bücher der Literaturliste bzw. auch des Gotteslobes.

4. Teile der Meßfeier, die ausgesucht werden können:
Frauen können sich bei ihren Gottesdiensten entweder an den Ablauf des Gottesdienstes ihrer Religionsgemmeinschaft halten oder ihre Gottesdienste auch freier gestalten. Für den römisch-katholischen Gottesdienst gilt, daß die Lieder ausgesucht werden können, ebenso können einzelne Gebete frei- oder umformuliert bzw. ausgesucht werden, wie die Fürbitten. Bei einer Eucharistiefeier ist es selbstverständlich, daß sie entweder gemeinsam mit dem Priester vorbereitet wird, oder der Gottesdienst wird mit ihm abgesprochen. Frauengottesdienste können auch „Agapen" enthalten, oder diese können angefügt sein. Der Begriff entstammt der Urkirche und bedeutet „gemeinsames Mahl".

Wenn Frauen Gottesdienste feiern, so entwickeln sie auch ihre eigenen Formen. In „Wenn Himmel und Erde sich berühren" zeigen Brigitte Enzner-Probst und Andrea Felsenstein–Roßberg fünf Schritte auf, die Gottesdienste strukturieren können:

- Ankommen und Begegnen
- Reinigen und Aufrichten
- Wahrnehmen und Bekräftigen
- Teilen und Verbundensein
- Segnen und Senden

Hanna Strack zeigt in einem Schema die theologischen und energetischen Ebenen des Liturgieablaufs. Ein Beispiel: Wenn wir uns begrüßen, so machen wir uns klar, was wir wollen, wer wir sind. Auf der theologischen Ebene werden wir willkommen geheißen, das Energiefeld hier wird aufgebaut, wenn wir uns in unserer Gemeinschaft leiblich wahrnehmen. (Strack 1995, 105 f) Anregungen können wir uns auch von den Frauen holen, die ihre feministische Spiritualität außerhalb der Kirchen feiern. (Pahnke 1995, 114–135)

In Frauengottesdiensten ist es wichtig, daß die vielgestaltigen Gottesbilder und Gotteserfahrungen Platz haben. Deshalb sollten Formulierungen gefunden werden, die Raum dafür lassen, wenn z.B. Segensgebärden gemacht werden oder die dreifaltige Gottheit zu Beginn angerufen wird; so können die Frauen ihr jeweiliges Gottesbild einbringen. Offene Anfänge stellen Brigitte Enzner-Probst und Andrea Felsenstein-Roßberg vor:

„Liturgin (L) und Gemeinde (G):

L: Hunderte von Frauen sind unsere Schwestern.
G: Und wir feiern die Leben, die sie gelebt haben.
L: Wir tragen den halben Himmel.
G: Und wir sehen seine Schönheit vor uns ausgebreitet.
L: Wir haben das Göttliche in uns, um uns herum und zwischen uns entdeckt.
G: Laß uns diesen Tag feiern und alles, was vor uns liegt.“
(Himmel 40)

oder:

„Geist des lebendigen Gottes
erfrische mich
wie Tau am Morgen
öffne mich
fülle mich
forme mich
brauche mich“
(Himmel 40)

5. Einige abschließende Bemerkungen zur Gottesdienstvorbereitung:
Weniger ist mehr. Wenn Sie damit beginnen, Gottesdienste in der Gemeinde zu gestalten, so sollten Sie zuerst nur einige Teile verändern. Achten Sie darauf, neue Lieder nur nach und nach einzuführen, damit sich die Gemeinde nicht überfordert vorkommt. Eine gute Mischung zwischen Vertrautem und Neuem schafft das Gefühl von Geborgenheit. In Frauen- bzw. Gruppengottesdiensten kann vieles neu und anders gestaltet werden, am schönsten ist eine solche Feier, wenn sie aus ge-

meinsamen Tagen erwächst. Geben Sie einander das Gefühl, daß niemand etwas verkehrt machen kann, daß es darauf ankommt, miteinander zu feiern und nicht zu konkurrieren. Gerade in Frauengruppen ist der Bewußtseinsstand der Frauen verschieden, deshalb kommt es darauf an zu hören, was die andere verletzt, und dies bei der Gestaltung der Feier mitzubedenken. Wir feiern unseren Glauben, deshalb sollten wir wirklich in dieser Feier vorkommen. Je einfacher die Worte gewählt werden um so besser.

6. Zur Arbeit mit weiblichen Biographien

Bild: Maria – Eva – Proeza

Hier muß ich zum besseren Verständnis auf die Autorin zurückgreifen, die die Person der Proeza erklärt:
„Die Proeza wird in ‚Der seidene Schuh' als Köder dargestellt, um dem geliebten Mann den Weg zu Gott zu zeigen. Die irdische Liebe ist genau so wichtig wie die göttliche Liebe, die sie widerspiegelt. ... Proeza sehe ich als Synthese zwischen der weltlich-erotischen Seite der Eva und der spirituellen Mentorin der Maria." (Carter 1994, 870–875)
Eine Vermittlerin zwischen der Eva der Geschichte und der erhöhten Maria: Proeza. Kann ich mich in Proeza wiederfinden? Daß es nötig ist, eine solche Vermittlerin zu haben, kann kaum bestritten werden – denn welche Frau kann sich mit Eva oder Maria identifizieren? Zu fern sind uns die Bilder, die von ihnen gemacht wurden: Wie Eva wollen wir nicht sein, wie Maria können wir nicht werden. Warum kann es keine unabhängige Frau sein, die zwischen diesen mit so vielen männlichen Bildern belegten Frauen steht? Warum muß es eine Frau sein, die auf einen Mann bezogen ist? ... „des anderen Gegenpart und Ergänzung". Ist die je einzelne Frau nicht schon Wert genug? Oder soll Proeza gerade der Bezogenheit der Frauen auf die Männer eine andere Dimension

verleihen und die „frauenfördernde“ Mann-Frau-Beziehung herausstellen?

a. Lebensentwürfe, die mich berühren

Vorbildliche Frauen können wir auch in der Profangeschichte finden. Hier habe ich ausschließlich Frauen ausgesucht, die in der Bibel oder der kirchlichen Frauengeschichte vorkommen. Dabei treffe ich meine Frauenauswahl subjektiv. Gerne hätte ich sowohl aus der hebräischen Bibel als auch dem Neuen Testament und der Kirchengeschichte Frauen in verschiedenen Lebensbezügen ausgesucht, die repräsentativ den Lebenssituationen heutiger Frauen entsprechen, als da wären: Berufstätige Frauen und „Nur“–Hausfrauen, Mütter und „Jungfrauen“, Freundinnen und Frauen, die in Konflikten mit anderen Frauen stehen. Leider ist es mir unmöglich, in unserem Heiligenkalender eine Mutter zu finden, die um ihrer selbst willen heilig wurde. Die Frau, nach der ich suchte, sollte ihr Muttersein nicht verleugnen, „um des Himmelreiches willen“, sie sollte auch keinen großartigen Sohn vorzuweisen haben. Außerdem sollte sie nicht heilig geworden sein, weil sie Herrscherin war. Bitte teilen Sie es mir mit, wenn Sie eine solche „normale“ Mutter in unserem Heiligenkalender finden!

Für meine Arbeit mit biblischen Frauen habe ich verschiedene Vorentscheidungen getroffen:

1. Ich gehe davon aus, daß wir in unserer Glaubensgeschichte schon verschiedene Erfahrungen mit biblischen Frauengestalten gemacht haben. Diese Erfahrungen wollen wir uns bewußt machen, bevor wir uns neu auf die Frauengestalten einlassen.

2. Oft haben wir das, was über die Frauen in der Bibel steht, nur in Ausschnitten kennengelernt. Wenn wir uns neu auf eine biblische Frau einlassen wollen, sollten wir alle Stellen über sie lesen. Ich beschränke mich hier auf bestimmte Aspekte der Frauen – alles andere würde den Rahmen dieses Buches überschreiten. Verweisen möchte ich Sie auf zwei Veröffentlichungen, die Hinweise zur Umsetzung geben:

E.R. Schmidt u.a. (Hg.), Feministisch gelesen. Ausgewählte Bibeltexte für Gruppen und Gemeinden, und A. Meissner (Hg.), Und sie tanzen aus der Reihe. Frauen im Alten Testament.

3. Da jede Frau schon viele Erfahrungen in ihrem Leben gemacht hat, kann sie ihre eigenen Erfahrungen zu denen der biblischen Frauen in Beziehung setzen. Es könnte passieren, daß sie dadurch einen anderen Blick auf sich selbst und die biblische Frau bekommt. Kurz gesagt: Vor jeder Erklärung der Bibeltexte durch Fachfrauen oder Fachmänner stehen meine eigenen Erfahrungen.

4. Kriterien für die Bibelauslegung finde ich bei Elisabeth Schüssler Fiorenza. Sie schlägt folgendes Modell feministischer Hermeneutik vor:

b. Der Verdacht – Elisabeth Schüssler-Fiorenzas Modell feministischer Hermeneutik

Elisabeth Schüssler Fiorenza legt ein Modell vor, die Bibel aus feministischer Sicht auszulegen. Als Hermeneutik wird die wissenschaftliche Auslegung von Texten oder Kunstwerken bezeichnet, aber auch das Verstehen des menschlichen Selbstseins. Diese Erklärung des Dudens finde ich hier sehr passend.

Elisabeth Schüssler Fiorenza geht in fünf Schritten vor, die ich in Anlehnung an Christine Schaumbergers Artikel im Wörterbuch der feministischen Theologie darstelle:

1. die Hermeneutik des Verdachtes
2. die Hermeneutik kritischer Bewertung
3. die Hermeneutik der Verkündigung
4. die Hermeneutik des Erinnerns
5. die Hermeneutik der kreativen Aktualisierung

1. Die Hermeneutik des Verdachts geht davon aus, daß nicht nur die Auslegung und die Verkündigung der Bibel von männlichen Interessen und Anschauungen bestimmt sind, sondern auch die Texte selbst aus männerzentriertem Blick geschrieben sind. Sie will benennen, wo Frauen unterdrückt werden, vor allem aber die mehrfachen Diskriminierungen

von Frauen aufzeigen z.B. als Frau, als Schwarze, als Arme, die sie an Selbststand und Selbstwerdung hindern.
Deshalb wird *erstens* gefragt, wie *heute* dieser Text ausgelegt wird und wie seine *Auslegungs- und Wirkungsgeschichte* ist. Welche *Interessen* liegen diesem Text zugrunde? Alle Bibelauslegungen, die die Frauen verschweigen, und die, die von Frauen reden, werden befragt, wo sie Frauen an den Rand drängen und unsichtbar machen und warum. Dabei wird z.B. deutlich, daß Frauen in der Urgemeinde oft automatisch mitgemeint sind, heute sollen wir uns mitgemeint fühlen, obwohl uns die Sprache ausschließt (z.B. laßt uns loben, Brüder loben).
„Zweitens gilt der Verdacht den *biblischen Texten selbst* sowie ihrer *Traditions-, Redaktions- und Kanonisierungsgeschichte.*“ (Schaumberger 1991, 56) Wo die ganze Gesellschaft männlich geprägt ist, werden die Frauenbilder von Männern her und auf die Bedürfnisse der Männer hin ausgerichtet sein. Deshalb „sind diese Texte nicht als historisch adäquate und theologisch angemessene Informationen über die historische Teilhabe und Wirksamkeit von Frauen zu lesen, sondern als interessegeleitete Texte, die auf die Kämpfe für und gegen Patriarchalisierung (wörtlich Väterherrschaft, I.L.) reagieren“. (Schaumberger 1991, 56)
Drittens gilt der Verdacht den *Interessen und Hintergründen der Menschen, die den Text interpretieren.* Das Stichwort dafür ist „Kontextgebundenheit“ und meint Eingebundensein in die jeweilige Lebenswelt. Ich kann einen Text nur als weiße deutsche Theologin auslegen und deshalb werde ich ihn sicher anders auslegen, als z.B. eine Indiofrau aus den Anden.
2. Die *Hermeneutik kritischer Bewertung* fragt jeden Text: Befreit er Frauen – *werden hier Strukturen erhärtet oder aufgebrochen, die Frauen unterdrücken?* Diese Frage wird an die Bewertungen des Textes in der Geschichte und in der Gegenwart gestellt.
3. Die *Hermeneutik der Verkündigung* richtet sich darauf, daß die Bibel als Wort Gottes verkündet wird. Sie *erkennt Texte, die heiles Menschsein der Frauen ermöglichen, als Wort Gottes an.* Entsprechend spricht sie Texten, die Frauen kleinhalten und verletzen, ab Wort Gottes zu sein.

4. „Die *Hermeneutik des Erinnerns oder der historischen Rekonstruktion* sucht in allen biblischen Texten nach Frauengeschichte, alles was Frauen erlebt haben, Schmerz und Leid, aber auch Freude und Macht, soll als Frauenerbe wiedergewonnen werden". (Schaumberger 1991, 56)
5. Die *Hermeneutik der kreativen Aktualisierung* (schöpferischen Vergegenwärtigung) läßt die Geschichten in unsere Zeit hinein lebendig werden, ... „in Tanz, Liturgie, Spiel, Erzählung, Musik, Fantasie ... soll die Erinnerung an die Leiden, Visionen, Kämpfe unserer Vorschwestern für Frauen in unterschiedlichen Kontexten als Inspiration und Kraftquelle, als ‚Brot, nicht Steine' fruchtbar werden". (Schaumberger 1991, 57)

Aus Elisabeth Schüssler-Fiorenzas Buch „But she said" entnehme ich ein Beispiel für eine Auslegung, zu der ich dann einen Gottesdienst gestalte:

Lk 13, 10–17: „Und sie stand aufrecht"

Nach Elisabeth Schüssler Fiorenza ist das Gleichnis der gekrümmten Frau, das in Lk 13 erzählt wird, gleichzeitig ein Gleichnis für die Geschichte der Frauen. Erzählt wird eigentlich eine einfache Heilungsgeschichte: „Die Frau war gekrümmt, sie litt an einem Gebrechen, 18 lange Jahre. Sie hört den Ruf, erfährt die Handauflegung, steht aufrecht und preist Gott, der sie von ihrer Krümmung erlöst hat. Die Frau hat sich aus dem Abseits in den Mittelpunkt bewegt, von der Unsichtbarkeit in die Sichtbarkeit, vom Ungehörtsein in den Lobpreis Gottes. In der Wundergeschichte spendet Jesu Handeln neues Leben, die befreiende Macht Gottes läßt die Frau zum Mittelpunkt des Geschehens werden." (Schüssler Fiorenza 1992, 199)
Die Frau preist Gott, nicht Jesus, durch den Gott gehandelt hat. Lukas beschreibt Jesu Handeln in der Apostelgeschichte, indem er sagt, daß er „Gutes tat und alle heilte, die in der Gewalt des Teufels waren". (Apg 10,38) Für ihn beginnt im Handeln Jesu und seiner JüngerInnen der Sieg über das Reich der Dämonen in der Endzeit. Elisabeth Schüssler Fiorenza sieht Lukas bei dieser Interpretation als Teil der frühen Kir-

che, in der die lebengebende Kraft Gottes mit der todbringenden Kraft des Bösen kämpfte. „Die Apologetik der frühen Christenheit erklärt den Tod Jesu als verursacht von diesen kosmischen und politischen Mächten, aber nicht als Wille Gottes.“ (Schüssler Fiorenza, 202)
Da es Lukas darum geht, Jesus als Lehrer und Sieger über die Dämonen darzustellen, tritt die Frau wieder in den Hintergrund, nicht nur durch ihre Namenlosigkeit. Der Schwerpunkt liegt bei ihm in der Auseinandersetzung mit den Juden. Es ist eine anti-jüdische Geschichte – sie läßt außer acht, daß Jesus selbst sich als Jude verstand. Elisabeth Schüssler Fiorenza zeigt auf, daß die Geschichte der gekrümmten Frau dazu diente, den Streit zwischen Christen und Juden um das „Gesetz der Väter“ auszufechten. Sie bezieht sich auf Jervell und nimmt an, daß Lukas den Titel „Tochter Abrahams“ geprägt hat und in seinem Doppelwerk Frauen einschließt, nicht weil sie Frauen sind, sondern weil sie Jüdinnen sind oder Frauen, die sich vom Judentum angezogen fühlen. Dann zeigen Rhetorik und Struktur von Lukas 13,10–17, daß das Hauptobjekt dieser Debatte die jüdischen Frauen waren. Jesus wird als der gezeigt, der die Tora richtig auslegt.
Christinnen, die sich mit der gekrümmten Frau identifizieren, müssen berücksichtigen, daß sie bei unkritischer Übernahme der Position von Lukas leicht in eine antijüdische Haltung kommen.
Lukas geht es nach Elisabeth Schüssler Fiorenza darum, die Rolle der Frauen in seinem Evangelium herunterzuspielen, z.B. wenn er von der Verkündigung der Osterbotschaft durch die Frauen erzählt und dazu sagt: „Doch die Apostel hielten das alles für Geschwätz und glaubten ihnen nicht.“ (Lk 24,11) Es ist kein Zufall, sondern Absicht, daß Petrus im anschließenden Vers zum eigentlichen Zeugen der Auferstehung wird. Den Anteil der Frau am Aposteltum und an der Leitung in der Urgemeinde spielt Lukas nach Elisabeth Schüssler Fiorenza absichtlich herunter. Die Schlußfolgerung, die Elisabeth Schüssler Fiorenza aus dieser Geschichte zieht lautet: „Wir wissen von ihr (der gekrümmten Frau, I.L.) nur, weil sie Anlaß einer theologischen Debatte wurde. Wie so viele andere Frauen bleibt sie namenlos, gesichtslos, vergessen. Eine

kritische Interpretation, die dies rückgängig machen will, braucht nicht nur eine Hermeneutik des Verdachtes, der Rekonstruktion und eine kritische Bewertung, sondern auch eine Hermeneutik der kreativen Vorstellung, Aktualisierung. Sie verlangt nach einer Umformung in ein Ritual, einen Gottesdienst, der Stimme geben kann der Stimmlosen, Namen der Namenlosen und ein Gedächtnis der Vergessenen. Deshalb müssen wir uns die gekrümmte Frau immer wieder neu anschauen, sie, die von ihrer Krümmung geheilt wurde und aufrecht stand. Wir sollten sie sehen, wie das nachfolgende Gedicht von Alice Walker sie zeigt: Bei ihr wird diese Frau zum Paradigma für beides, patriarchale Unterdrückung und Frauen-Kirche, ein Zeichen der Ermutigung und Hoffnung für heute und für die Zukunft."

„Erinnerung?

Erinnerst Du Dich an mich?
Ich bin das Mädchen
mit der dunklen Haut
deren Schuhe dünn sind
Ich bin das Mädchen
mit den kaputten Zähnen
Ich bin das schwarze
Mädchen mit kaputten Zähnen
mit den wunden Augen
und den verschlossenen Ohren.

Ich bin das Mädchen
ihre Babys haltend
ihre Essen kochend
ihre Gärten versorgend
ihre Kleider waschend
dunkel und verstört
und verwundet, verwundet.

Ich könnte
der menschlichen Rasse
Hoffnung geben.

Ich bin die Frau
mit der gesegneten dunklen Haut
Ich bin die Frau
mit den erneuerten Zähnen
ich bin die Frau
mit den geheilten Augen
und mit Ohren, die hören

Ich bin die Frau: Dunkel
erneuert, geheilt,
ich höre Dir zu.

Ich könnte
der menschlichen Rasse
Hoffnung geben.

Ich bin die Frau
die zwei Blumen anzubieten hat
deren Wurzeln gemeinsam wachsen

Gerechtigkeit und Hoffnung.
Laß uns anfangen."

(Alice Walker, in: Schüssler Fiorenza 1992, 216 ff)

Anregungen für unser geistliches Leben

Wenn der Gottesdienst in einer Kirche stattfindet, ist keine besondere Gestaltung nötig. Ansonsten sollte der Raum so gestaltet werden, daß er an eine Kirche erinnert.

Vorbereitung:
Liedblätter, Texte der Gedichte, treffen Sie eine Auswahl aus den angegebenen Texten, sonst wird der Gottesdienst sehr lang.

Lied: Hear me O Lord, O hear my crying, in your mercy give ear to me and answer. (Maggie Hamilton)
Hör mich, o Gott, o hör mein Schreien. In Deiner Gnade erhöre mich – antworte.

Wir wollen eine Übung machen, die uns auf die gekrümmte Frau einstimmt. Dazu wollen wir alles hinter uns lassen, was uns ablenken könnte. Wir atmen tief durch und verabschieden uns von dem, was uns heute bedrückt hat. Wir lassen alles sein, wie es ist, und kommen hier in diesem Raum an.

Alle Frauen gehen gebeugt durch den Raum. Bei einem Gong richten sie sich auf und gehen aufrecht.

Wir sprechen über unsere Erfahrungen bei dieser Übung.

Evangelium: Lk 13, 10–13

Predigt: Auslegung der Stelle in Anlehnung an Elisabeth Schüssler Fiorenza, aber in eigenen Worten.

Stille: Gespräch über die Auslegung

Lied „Auf halben Weg", aus: „Und Mirjam schlug auf die Pauke" Lied 6 oder: „Emanzipation", ebd., Lied 8 von Claudia Mitscha-Eibl, anhören oder mitsingen.

Stille, Gespräch

Eine Sprecherin:

Eine gebeugte Frau

Heilung geschieht.
Sie ist fähig,
gerade und frei zu stehen.
Eine schmale, knochige Frau,
doppelt gebeugt, mit ihren Augen auf der Erde,
die sich seit Jahren
im Haus des Gebetes herumdrückte. …

Als er die Ausgestoßene sah,
rief Jesus sie zu sich.
Das war ihre erste Überraschung,
sie hatte das Rückgrat zu kommen
so schnell sie konnte. …

Ein Fragezeichen – ? –
ist die Form des Sexismus
auf dem Rücken der Gesellschaft heute. Die Antwort,
ein Ausrufezeichen – ! –
bahnt sich den Weg. …

Beide sind die Körpersprache der Kirche
zu Reue und Heilung aufgerufen,

gerade am Sonntag.

Immer seit Jesus,
war die Frau das Rückgrat der Kirche.
Kurz darauf
wurde sie wieder in den Hintergrund geschoben.

Sie war immer da, wo Kirche lebt,
ihren Kopf nicht nur im Gebet gebeugt.
Darin geschult, in den Hintergrund zu treten,
wurde sie auf ein Podest gestellt
wo Bewegung stark eingeschränkt ist. …

Aus Erfahrung und Gebet heraus
antwortet sie und geht voraus.
Sie ist außer der Reichweite
eines Rückschlages.
Sie ist entzogen, eingegrenzt,
ausgeschlossen – beschädigt, eingeschlossen – befähigt,
hinter dem Schleier goldener Rhetorik.
Wer weiß es besser als sie?
Es geschieht auf ihrem Rücken!

Sie ist der Angelpunkt
einer gemiedenen Welt,
die die Kirche zu berühren fürchtet,
aus Angst berührt zu werden.
Doch das wird geschehen.

Aufgerichtet durch Jesus,
ein einsames Erfolgserlebnis
in einem obskuren Haus des Gebetes

in einer namenlosen Stadt.
Eine anonyme Frau
wird zum Zeichen der Frohbotschaft!

Eine sehr kurze Geschichte,
die selten an Sonntagen erzählt wird.

Wir bezeugen ein neues Wunder
der gegenseitigen Ermutigung:

Wir verehren Gott,
indem wir uns gegenseitig den Rücken stärken!"

(Mary Lou Sleevi, in: Schüssler Fiorenza 1992, 203–205)

Wir sprechen zuerst in kleinen Gruppen, dann in der Gemeinschaft aller über diesen Text.

Dank und Bitte:

Eine: Damit umgehen plötzlich „geheilt" zu sein. Eine andere zu sein. Habe ich solches schon erfahren?

Stille: Wir sprechen unsere Erfahrungen aus.

Den Rücken gestärkt bekommen, Ermutigung erfahren. Wo ist mir das passiert?

Stille: Wir sprechen unsere Erfahrungen aus.

Lied: „Und Mirjam schlug auf die Pauke", in: Claudia Mitscha-Eibl, „Und Mirjam schlug auf die Pauke" Lied 5, auch als Tanz (Choreographie eines Tanzes und Noten, in: Meissner, 57–60)

Gebet:

Wir stehen auf und legen einander die Hände auf den Rükken, je nach Größe auf die Schultern oder oberhalb der Hüfte.
Eine Frau spricht die einzelnen Sätze vor, alle sprechen sie nach.

Laßt uns das Wunder bezeugen, daß auch wir aufgerichtet

wurden. Die Erinnerung an unsere Mütter im Glauben stärkt uns.
Der Segen von Schwester Geist,
Mutter und Vater Gott und
Bruder Christus
sei bei uns in unseren Tagen und Nächten.
Damit wir sehen – hören – reden – und immer wieder aufstehen
zum Aufstand für das Leben.

„Das Licht helfe Dir,
Kurs zu halten auf Deiner Reise.
Der Wind stärke Dir den Rücken,
der Sonnenschein wärme Dein Gesicht
und der Regen falle sanft auf Deine Haare.

Bis wir uns wiedersehen,
halte Gott Dich geborgen
in Seiner schützenden Hand."

(Von einem Plakat der nordelbischen Landeskirche)

Als Lesung könnte das Mirjamlied genommen werden: Ex 15,20 f:
„Die Prophetin Mirjam, die Schwester Aarons, nahm die Pauke in die Hand, und alle Frauen zogen mit Paukenschlag und Tanz hinter ihr her. Mirjam sang ihnen vor: Singt dem Herrn ein Lied, denn er ist hoch und erhaben! Rosse und Wagen warf er ins Meer."

c. Dorothee Sölles befreiungstheologisches Modell

Auch Dorothee Sölle hat ein Modell entwickelt, das Luise Schottroff erstmals in deutsch veröffentlicht hat: „Wie können wir befreiungstheologisch arbeiten?"
Dorothee Sölle schlägt vor, zuerst zu fragen *„Wer ist das Opfer in dieser Situation?"* Dies wird erzählt, beschrieben, als Betroffene/r erzählt.
Dann fragt sie *„Wer profitiert?"* Die Strukturen der Gesell-

schaft werden analysiert, um die Mächte zu erkennen, die hinter der konkreten Situation stehen.
Anschließend wird meditiert, die Auslegung der Texte (Exegese) hilft, aus der Tradition Trost oder auch Verzweiflung sprechen zu lassen. „Das Ziel ist es, uns selbst zu ‚erinnern' (remember): daß wir Glieder (members) und Kinder des Lebens sind und nicht des Todes. Wir erinnern uns an die Auferstehung." (Schottroff 1994, 95)
Als viertes erfolgt die *erneuerte Praxis*. Es werden Visionen entwickelt, wie es weitergehen kann: Gebet und Aktion werden eine Einheit. Indem wir einen neuen Text für unser Leben schreiben, werden wir „nicht nur zu BibelleserInnen, sondern auch zu BibelschreiberInnen." Wir sagen uns gegenseitig: „Nimm Dein Bett und wandle." (Schottroff 1994, 96)

Anregungen für unser spirituelles Leben:

Die Flucht aus der Gefahr

Material: Stifte, abgezogener Text

Mittel: Gepackter Rucksack, Mantel, Hut

Lied: Mutter Geist (Himmel 56)

In welcher Gefahr bin ich? – Wo würde ich gerne fliehen – oder fliehe ich?

Der Text von Judith Jannberg (1983, 113–115) wird den Teilnehmerinnen zur Verfügung gestellt. Jede Frau sucht sich den Abschnitt aus, der sie am meisten beschäftigt, und schreibt auf, was ihr daran gut oder nicht gefällt. Wir unterhalten uns darüber.

Eine Frau: Wir hören von einer Gefahr, in der Jesus und seine Eltern schwebten. Eine Gefahr, fern von jeder Weihnachtsromantik – die Alltag für viele Menschen auch noch heute ist:

„Als die Sterndeuter wieder gegangen waren, erschien dem Josef im Traum ein Engel des Herrn und sagte: Steh auf, nimm das Kind und seine Mutter und flieh nach Ägypten; dort bleibe, bis ich dir etwas anderes auftrage; denn Herodes wird das Kind suchen, um es zu töten. Da stand Josef in der Nacht auf und floh mit dem Kind und dessen Mutter nach Ägypten. Dort blieb er bis zum Tod des Herodes. Denn es sollte sich erfüllen, was der Herr durch den Propheten gesagt hat: *Aus Ägypten habe ich meinen Sohn gerufen.* (Hos 11,1)“ (Mt 2,13–15)

In Gruppen wird der Text besprochen mit folgenden Aufträgen:
„Wer ist das Opfer in dieser Situation?“
„Wer profitiert?“
„Welche Gefühle löst diese Flucht in mir aus? Verzweiflung? Trost?“
„Kann mir der Text Hilfe geben bei meinen ‚kleinen Fluchten‘?“

Formulieren Sie Fürbitten, die Sie in den Gottesdienst einbringen können!
Wenn das Bedürfnis besteht, werden die Ergebnisse der Gruppen gemeinsam besprochen.

Fürbitten:
Jesus, Kind und Bruder, Mensch wie wir. Wir haben gelesen: Der Wegweiser für richtiges und mutiges Verhalten ist die Angst.
In unserem Leben ist manches von Angst bestimmt – und das erweist sich als gut, denn unsere Angst kann uns den Weg zeigen. Aber wir brauchen auch Vertrauen – zu uns selbst, zu anderen – zu dir. In diesem Vertrauen bitten wir:
–
Eine/alle: „Treu ist er, der gerufen hat. Er hält Wort.“ (1Thess 5,24)
–
Eine/alle: „Treu ist er, der gerufen hat. Er hält Wort.“ (1Thess 5,24)
Im Vertrauen auf deine Treue leben wir heute und allezeit. Amen.

Lied:
„Du kannst der erste Ton in einem Liede sein." (Peikert-Flaspöhler ^{2}1991, Nr. 735)

Gebet: Die Erde gehört Gott (Sölle/Schottroff 1985, 100) oder: Er, der gesprochen hat ein Wort. (Osterhuis 1990, 160)

„Segen:

Betritt die schwankende Brücke,
Steig nicht hinab in den Abgrund,
Such Halt am schmalen Geländer!

Hör nicht das Gelächter der Möwen,
Schau nicht in die brodelnde Tiefe,
Dreh dich nicht um!

Laß den Rucksack am Ufer!
Spür angespannt deine Sinne,
Deinen Leib, deine Liebe und Leidenschaft,
Dein Wissen, deine Weite und Weisheit!
Dann tritt Schritt vor Schritt!

Und sieh: Mit hellem Strahlen
Leuchtet das Antlitz Gottes
Vom anderen Ufer!
Lauf in die offenen Arme
Der liebenden Mutter!

Ein werbender, wärmender Segen
Lockt dich ans Ziel!

(Enzer-Probst 1995, 28)

d. Und unsere Praxis?

Meine persönliche Art, mit biblischen Frauen zu arbeiten, läßt sich auf die Beschäftigung mit Biographien überhaupt übertragen. Gemeinsam werden am Anfang alle Bibeltexte zu einer Frau bzw. ihrer Biographie erlesen. Diese Texte bekommen dann auch alle Frauen in die Hand.

Danach soll es jeder Gruppe überlassen bleiben, wie sie zu ihren Ergebnissen kommt. Es ist wesentlich, daß die Gruppen genug Zeit haben. Sie entscheiden selbst über ihren Umgang mit der Frauengestalt, aber auch mit sich selbst. Die einzelnen Gruppen tragen ihre Ergebnisse ins Plenum. Nach jedem Statement kann nachgefragt und diskutiert werden. Zusätzlich können die Ergebnisse Teil eines Gottesdienstes werden, den die Frauen als Abschluß eines solchen Tages feiern.

Grundlagenblatt zur Textarbeit:

1. *Was weiß ich über diese Frau und welche Geschichte habe ich mit ihr?*
2. *Wie ist ihr Lebenslauf (Steckbrief)?*
3. *Welche Möglichkeiten und Chancen ihr Leben zu gestalten hat diese Frau?*
   a. *Lebensstand – hat sie eine Wahl? Soziales Umfeld?*
   b. *Beruf*
   c. *Familie*
   d. *eigene Interessen herausfinden*
   e. *eigene Interessen verwirklichen*
   f. *Macht sie selbst Aussagen zu diesen Fragen?*
   g. *Was sagen andere über sie (damals – durch die Geschichte – heute)?*
   h. *Wie beurteilen wir, was sie aus ihrem Leben gemacht hat?*
4. *Wie hätte ihre Situation ausgesehen, wenn sie als Mann geboren worden wäre?*
   a. *Was ist aus dem Text dazu zu entnehmen?*
   b. *Phantasieren Sie dazu!*
5. *Wie geht es mir mit dieser Biographie? Sehe ich Bezüge zu meinem Leben?*
6. *Wir stellen unsere Frau dar:*
   a. *Geschichte schreiben zu (einem Teil) ihrer Lebensgeschichte,*
   b. *Bild malen oder Collage erstellen oder aus Bildern die Lebensgeschichte zusammenstellen.*
   c. *(Teil der) Lebensgeschichte spielen*
   d. *Gedicht schreiben oder umgestalten*

e. Lied schreiben oder umgestalten
f. Tanz erfinden oder passenden aussuchen (Warum paßt er?)
g. Symbole finden und erklären

Zum *Spielen der Geschichte* möchte ich zwei Methoden näher ausführen:
1. Geschichten, auch Lebensgeschichten, können im Rollenspiel oder im Bibliodrama dargestellt werden. Annette Rembold beschreibt das Bibliodrama so: „Keine Person muß sich an den Text halten, spielt doch jede nicht nur eine Rolle, sondern sich selbst in dieser Rolle. Zuletzt wird das Spiel ausgewertet. Mögliche Fragestellungen können sein: Weshalb habe ich diese Rolle ausgewählt? Weshalb wollte niemand Rolle X spielen? Wie ging es mir in meiner Rolle? Wie habe ich dich in der Rolle als Y empfunden? Wie ging es mir, als ich dich in einer bestimmten Art und Weise deine Rolle spielen sah?" (Rembold 1986, 294)
2. Eine weitere Methode hat Ulrike Wiethaus aus Amerika mitgebracht: Wir stellen zwei Stühle in die Mitte des Kreises, und zwei Frauen versetzen sich in zwei Rollen des Bibeltextes – bzw. der Biographie. Wir stellten es für Salome dar und ließen die Personen abwechselnd miteinander sprechen, also Salome mit Herodias, Herodias mit Herodes, Herodes mit Johannes dem Täufer – jede/n der vier Personen mit jeder/m. In der Konfrontation wurden die Rollen persönlich gefüllt, z.B. überraschte es mich, daß Salome von sich sagte, sie wäre vierzehn Jahre alt. Indem die Geschichte so verlebendigt wird, können sich die Handelnden und die Zuschauenden – zu denen auch die Personen im Kreis immer wieder werden – mit den eigenen Bildern auseinandersetzen.
Selbstverständlich sollte es sein, daß am Ende die Gruppe über den Tag nachdenkt, z.B. so: An mir selbst hat mir heute gut gefallen. An den anderen hat mir heute gut gefallen. (Erst anschließend: nicht gefallen)
Ich arbeite schon seit längerer Zeit auf diese Art. Meine Erfahrung ist, wenn genügend Zeit gegeben ist, kommen die Frauen zu sehr persönlichen Ergebnissen.
Die Referentin muß für die biblischen Texte ihre exegetischen

Auswirkungen und ihre Wirkungsgeschichte zusammenstellen und auf die beschriebenen Weisen anfragen. Ich stelle dann jeweils in einem kurzen Vortrag die jeweilige Frau dar – zur weiteren Arbeit an den Frauen erhalten die Frauen eine Zusammenfassung.
Wenn die Arbeit mit den Modellen von Elisabeth Schüssler Fiorenza und Dorothee Sölle mit den Frauen zusammen geleistet werden soll, müssen dafür mehrere Tage zur Verfügung stehen. Die Auswahl der ExegetInnen ist subjektiv. Es kann zu keinen „objektiven“ Ergebnissen kommen. Beginnen Sie mit der Methode des Bibelteilens und lassen Sie erst anschließend die ExpertInnen zu Wort kommen! Außer der Textarbeit kann gerade die Wirkungsgeschichte anhand von Bildern deutlich gemacht werden.

Zur *Arbeit mit Bildern* (oder auch Dias):
Nehmen wir das Beispiel Maria von Magdala. Wir können Bilder zusammenstellen von Frauen aus ihrer Zeit in Israel (oder seinen Nachbarländern), um zu zeigen, wie sie wohl angezogen war.
Da es viele Kunstdarstellungen von ihr gibt, kann anhand dieser Bilder das Maria von Magdala-Bild der KünstlerInnen und ihrer Zeit klar werden. Andererseits werden sich die Frauen über ihr eigenes Maria von Magdala-Bild klar. Sie könnten in ihr die Apostelin der Apostel sehen oder die Freundin Jesu, die Frau, die in der Urgemeinde eine wichtige Rolle spielte, oder die Sünderin. Mit dieser Interpretation würden sie der geschichtlichen Maria von Magdala nicht gerecht, da dieses Bild auf einer Verkoppelung von Bibelstellen beruht. Maria von Magdala hat mit der Frau, die Jesus salbte, und mit Maria, der Schwester der Marta, nichts zu tun.
Bilder können aber auch eine andere Rolle spielen: Sie können den Teilnehmerinnen ermöglichen, sich der Frau zu nähern, die sie am meisten interessiert. Wenn ich mehrere Frauen besprechen möchte, so lege ich Bilder aus, die ein möglichst breites Spektrum des Lebens verschiedener biblischer oder geschichtlicher Frauen zeigen. Die Teilnehmerinnen wählen sich eines dieser Bilder und damit die Frau aus,

zu der sie sich hingezogen fühlen, wodurch die Gruppen gebildet sind.

Beispiel für den Umgang mit dem Grundlagenblatt zur Textarbeit:

Marta, die Schwester von Maria und Lazarus

1. Sie war eine Freundin Jesu, der gerne in ihrem und ihrer Geschwister Haus einkehrte (Lk 10,38–42). Mir ist Marta schon immer sympatisch gewesen und ich fand das Verhalten Jesu ihr gegenüber ungerecht, als er ihr Maria als Vorbild vorstellte.
   Marta wird als die gezeigt, die Jesus als Messias bekennt: Vor der Auferweckung ihres Bruders Lazarus (Joh 11,22). Ihr Glaube war groß. Auf das Messiaszeugnis des Petrus folgt, daß er die Kirche leiten soll – und bei Marta?
2. Sie lebte z.Z. Jesu, genaue Daten sind unbekannt.
   Wohnort: Betanien
   Name der Eltern unbekannt
   Geschwister: Maria und Lazarus
   Sie war eine Freundin Jesu und seine Jüngerin.
   Sie soll nach seinem Tod missioniert haben und bis Frankreich gekommen sein, wo sie sich einen Namen als Predigerin gemacht haben soll.
3. Möglichkeiten und Chancen ihr Leben zu gestalten:
   a. Lebensstand: wahrscheinlich ledig
   b. nicht genannt, sie führt den Haushalt,
   c. nach den Worten der Bibel lebt sie mit ihren Geschwistern Lazarus und Maria zusammen.
   d. ?
   e. ?
   f. Marta selbst hat nichts geschrieben.
   g. Die Legende erzählt, daß Marta einen Drachen besiegte, indem sie Wasser über den Drachen goß und ihn mit ihrem Gürtel fesselte. Sie überwindet also den Drachen ohne Gewalt, während der hl. Georg und die hl. Marina oder Margarethe den Drachen mit Gewalt besiegen.
   „Marta erfährt als erste, daß Jesus selbst die Auferstehung ist.

Warum haben wir diese Marta vergessen?
Vielleicht hat sie bei vielen Zeitgenossen Angst erzeugt. Vielleicht ist Lukas selbst ein Beispiel dafür; vielleicht hat die Tüchtigkeit der Marta ihn bedrängt, daß er warnend seinen Finger hob, als er die andere Maria-Marta-Geschichte erzählte: zuviel Tüchtigkeit, zuviel Emanzipation ist gefährlich. Seht euch Maria an! Haltet euch an Maria! Bescheidenheit, Zurückhaltung in der Gemeinde steht der Frau besser an! … Sicher wird es immer verschiedene Frauen geben: stärkere und schwächere, nach außen wirkende und nach innen gekehrte. Schlimm wird es nur, wenn ein Vorbild alle prägen soll." (Moltmann-Wendel 1980, 35)

h. Mir gefällt, daß sie mutig Forderungen an Jesus stellt und ihn mit ihrer Beharrlichkeit überzeugt.

4. a. Über männliche Jünger wird mehr berichtet als über Frauen, da die Schreiber selbst Männer sind. Es ist zu vermuten, daß deshalb mehr über sie bekannt wäre, wenn sie ein Mann gewesen wäre.
   b. Ich stelle mir vor, daß Marta eine bedeutende Rolle in der Urgemeinde gespielt hätte in der Überlieferung der Evangelien.
5. Ich fühle mich in einer Marta verwandten Rolle, sowohl meinen Geschwistern als auch meiner Familie gegenüber. Ich kann ihr Verhalten in Lk 10, 38–42 Maria gegenüber gut verstehen.
   Für mich besteht ein enger Zusammenhang zwischen der Maria-und-Marta-Geschichte und der Rut-Noomi-Geschichte. Während Maria und Marta ein gutes Beispiel dafür sind, wie sich Frauen entzweien lassen und entzweien ließen, stehen Rut und Noomi für Frauen, die sich aufeinander beziehen und dadurch miteinander wachsen können. Um dic Bedeutung einzelner Frauen für uns zu erkennen, müssen wir sie als erstes selbst sprechen lassen und uns von allen Vor-ur-teilen über sie lösen. Denn „De facto bewegen wir uns in der Gesellschaft mit Hilfe von Beziehungen zu anderen Frauen, und wenn uns diese Beziehungen fehlten, haben wir darunter gelitten. … Eine Frau kann und muß die anderen Frauen beurteilen. Eine

Frau kann und muß sich mit dem Urteil der anderen Frauen auseinandersetzen. In einer Gesellschaft, in deren Vorstellung die Beziehungen zwischen Frauen nicht existierten, fürchtete die einzelne das Urteil der anderen Frauen, empfand es als Bedrohung für sich selbst, für ihr Bedürfnis nach Bestätigung, für ihre Einzigartigkeit. ... Jedes Urteil zu unterlassen, wie zu Anfang der Frauenbewegung gefordert wurde, führt – ganz abgesehen davon, daß ein solches Vorhaben nicht aufrecht zu halten ist – nicht zur Befreiung. Dagegen führte es ... zu ungewollter Selbstbeschränkung." (Wie weibliche Freiheit entsteht [3]1991, 172 f)

Die Frauen des Frauenbuchladens in Mailand, aus deren Buch ich gerade zitiert habe, sehen den Ansatzpunkt weiblicher Freiheit darin, daß Frauen sich auf Frauen beziehen, was sie mit dem Beispiel der Rut und ihrer Schwiegermutter Noomi untermauern und als affidamento bezeichnen. Sie sagen: „Es ist wichtiger, Lehrmeisterinnen zu haben, als anerkannte Rechte zu besitzen. Eine Frau braucht eine positive weibliche Autorität, wenn sie ihr Leben in einem Entwurf der Freiheit leben und darauf ihr Frausein gründen will. Der weibliche Geist ohne symbolischen Bezugsrahmen ist furchtsam. Er findet sich unvorsehbaren Ereignissen ausgeliefert – ... Sicherheit bekommt eine Frau nicht durch Gesetze und nicht durch Rechte. Unverletzbar wird eine Frau, wenn sie ihre Existenz von sich selbst ausgehend entwirft und innerhalb sozialer weiblicher Lebenszusammenhänge Stabilität gewinnt." (Wie weibliche Freiheit entsteht [3]1991, 25 f)

Mir bedeutete es viel, diese Sätze zu lesen, da sie meine Erfahrungen ausdrücken: Immer wieder mache ich in Gruppen die Erfahrung, daß wir Frauen alle gleich sein sollen. Schert eine aus, will sie „sich selbst verwirklichen" und noch anderes machen als Hausfrau und Mutter sein, wird sie von anderen Frauen angegriffen. Andere machen die Erfahrung, angegriffen zu werden, wenn sie „nur" Hausfrau und Mutter sein wollen. Manche Frauen fühlen sich in Frage gestellt, wenn andere „mehr leisten" als sie oder „mehr können" als sie. Vielleicht hatten sie noch nicht die

Möglichkeit herauszufinden, was sie befriedigt. Jede Frau braucht andere Frauen, die sie in dem stützen, was für sie wichtig und richtig ist – und sie braucht das Vorbild von Frauen, die ihren Weg gefunden haben und gegangen sind.

6. Als Beispiel wähle ich die Geschichte, die gleichzeitig Grundlage sein kann für die

Anregungen für unser spirituelles Leben.

Lied: Das sollt ihr Jesu Schwestern (Himmel 94)

„Ich bin Martha, Du hast sicher schon von mir gehört. Meine Geschwister sind Lazarus und Maria. Wir sind mit Jesus befreundet. Immer wenn er mit seinen Jüngerinnen und Jüngern in unsere Gegend kommt, besucht er uns.
Einmal hatte ich ein Erlebnis mit ihm, das mich sehr getroffen hat (Lk 10,38–42). An diesem Tag waren wir nicht auf seinen Besuch vorbereitet. Eigentlich hatte ich für diesen Tag eine Verabredung mit einer Freundin. Als Jesus plötzlich kam und das mit zehn Leuten, mußte ich natürlich meine Planung über den Haufen werfen.
Da wir kaum mehr etwas zu essen im Haus hatten, machte ich mich zuerst einmal daran, Fladenbrot zu backen. Dann besorgte ich Wein, stellte Wasser bereit und kam allmählich in Hektik. Maria setzte sich einfach zu Jesus an den Tisch. Sie ist nicht so geschickt darin, mit Überraschungen fertig zu werden. Etwas unwirsch bat ich Jesus, sie aufzufordern, mir zu helfen. Natürlich wäre es besser gewesen, wenn ich es ihr selbst gesagt hätte. Aber ich war davon überzeugt, daß Jesu Aufforderung eher etwas nützen würde. Wie überrascht war ich, als Jesus mich anfuhr: Stellt Euch vor, er unterstützte sie noch: „Maria hat den besten Teil gewählt, er soll ihr nicht genommen werden." Wie sollte ich das verstehen? Hat er vergessen, wie dankbar er immer war für das reichliche Essen, das ich ihm, Johannes, Petrus, Johanna und wie sie alle heißen, immer vorsetzte? Wer soll die Arbeit tun, wenn ich mich auch noch dazusetze und die Hände in den Schoß lege? Will er

uns gegeneinander ausspielen, Maria und mich?
Was denkt er sich eigentlich?

Maria ist meine Schwester, aber wir sind sehr verschieden. Soll sie mir jetzt als Vorbild hingestellt werden? Gibt es nicht verschiedene Wege zu uns selbst – und auch zu ihm?
Ich war sehr gekränkt und zog mich in die Küche zurück. Ich wollte mir darüber klar werden, was er mir damit sagen wollte. Seine Worte gingen mir lange nach – und ich frage dich:

Es steht geschrieben
Du sollst nicht nach der Frau deines Nächsten verlangen!
Wem das wohl gilt?
Es bedarf keiner Klärung.
Ich aber habe Verlangen
nach der Frau meines Nächsten
sie ist nicht Objekt meiner Begierde
sie ist meine Schwester.
Diesem Verlangen
will ich nicht wehren
es soll uns zusammenbringen
aus Konkurrenz und Vereinzelung
jede Frau kämpft gegen die andere
um Gunst und Ansehen
bei ihrem Nächsten.
Uns sollte geschrieben stehen:
Du sollst nicht verlangen
nach der Gunst der Männer
wider deine Schwestern!"

(Voss-Goldstein [3]1991, 114)

Ich bin Schwester.

Stille

Schwester bin ich nur, wenn ich eine Schwester – Schwestern oder einen Bruder – Brüder habe.

Stille

Wir sprechen unsere Gedanken zu den einzelnen Sätzen in den Raum:

Von einer guten Schwester erwarte ich
Als Schwester war ich
Als Schwester bin ich
Wären Schwestern Freundinnen

Stille

Wir enden mit einem Lied, das unsere Gemeinschaft ausdrückt und unsere Fähigkeit stärkt, einander so zu nehmen, wie wir sind.

Lied: Du Gott, Freundin der Menschen (Schönhals-Schlaud, in: Du Eva, 9)

7. Biographien von Frauen der hebräischen Bibel

Um sich ein eigenes Bild von biblischen Frauen zu machen, ist es wichtig, alle Stellen zu lesen, in denen sie vorkommen. Deshalb stelle ich jeweils eine Aufzählung der Bibelstellen meinem Schwerpunkt voran. Diese Aufzählung und viele Anregungen für Psalmen und Anfragen findet sich bei Miriam Therese Winter in ihren drei Bänden des Feministischen Lektionars und Psalter (1990–1992).

a. Eva und Lilith oder *die* Sünde *der* Frau

Bibelstellen: Gen 1–3; 4,1–2,8.16.25; 5,1–2
Die Rabbiner wunderten sich, warum in der Bibel zwei Berichte von der Erschaffung der Menschen zu finden sind. Sie fanden folgende Erklärung: Gott hat zwei verschiedene Frauen erschaffen. Die erste, Lilith, war dem Menschen Adam gleichwertig. Adam bekam Probleme mit ihr. Sie ließ sich

nicht unterdrücken, da sie wußte, daß Gott ihre Partnerschaft wünschte. Als Adam diese Art zu leben ausschlug, verließ sie ihn.

Eva dagegen, die zweite Frau Adams, wird durch ihre Erschaffung aus der Rippe des Mannes gleich als minderwertig und nachgeboren gekennzeichnet, wie wir schon hörten. Eva ist aber auch als höherwertig verstanden worden. Denn sie wurde aus höherwertigerem Material genommen als der Mann, der ja aus Lehm geschaffen wurde. (Gössmann 1984, 80). Eva ist die „Mutter alles Lebendigen“ (Gen 3,20), sie läßt sich von der Schlange verführen vom Baum der Erkenntnis zu essen (Gen 3,1–24), sie wird verflucht, ihr werden Schmerzen bei Schwangerschaften und Geburten verheißen. (Gen 3,16)

„Dann sprach Gott, der Herr: Es ist nicht gut, daß der Mensch allein bleibt. Ich will ihm eine Hilfe machen, die ihm entspricht. Da ließ Gott, der Herr, einen tiefen Schlaf auf den Menschen fallen, so daß er einschlief, nahm eine seiner Rippen und verschloß ihre Stelle mit Fleisch. Gott, der Herr, baute aus der Rippe, die er vom Menschen genommen hatte, eine Frau und führte sie dem Menschen zu. Und der Mensch sprach:

Das endlich ist Bein von meinem Bein und Fleisch von meinem Fleisch. Frau soll sie heißen; denn vom Mann ist sie genommen. Darum verläßt der Mann Vater und Mutter und bindet sich an seine Frau, und sie werden *ein* Fleisch. (Gen 2, 18.21–23)

Dem uns bekannten Bibeltext möchte ich hier einen von heutigen Frauen erdachten Text gegenüberstellen.

„Als der Herr Adam erschaffen hatte, sprach er: Es ist nicht gut, daß der Mensch allein sei. Und er schuf ein Weib aus der Erde, aus der auch Adam gebildet war, und hieß ihren Namen Lilit. Alsbald hatten die beiden Streit miteinander, und Lilit sprach: Bist doch nur meinesgleichen, beide sind wir von der Erde genommen! – Und eins hörte nicht auf das Wort des andern. Wie nun Lilit sah, daß kein Friede war, sprach sie den wahrhaften Namen Gottes aus und flog davon in die Lüfte. ...“ (Ruether 1988a, 123)

Frauen haben hier eine Form wiederentdeckt, die die Jüd-

Innen schon lange kannten: Den *Midrasch, das Erzählen von Geschichten zur Bibel*. Die Rabbiner kennen außer der oben angeführten Interpretation den Midrasch von Lilith, der ersten Frau Adams. Ihre entscheidende Aussage wiederholen die Frauen von heute: Lilith war Adam zu selbstbewußt – deshalb schuf Gott ihm die Eva.

Wer ist Eva? „Ein anderes Ich im gemeinsamen Menschsein“ – wie Papst Johannes Paul II. die Frau als Gegenüber des Mannes nennt?

Hier geht es darum, was Eva für Sie in Ihrer bisherigen Lebensgeschichte bedeutet hat: War sie für Sie die erste Frau und damit die Mutter aller Menschen – oder: Die Frau, mit der die Sünde in die Welt kam, was einschloß: Nicht durch den Mann, sondern durch die Frau kam die Sünde in die Welt. Wenn in der Kirche St. Peter am Perlach in Augsburg das schöne Gnadenbild der „Maria Knotenlöserin“ beschrieben wird, so lesen wir: Maria hat die Knoten (der Sünde) aufgelöst, die Eva geknotet hat. Sie kennen dieses Gegensatzpaar sicher: Eva, die Sünderin – Maria, die Mutter des Erlösers (als etwas schiefe Parallele zu Adam – Jesus, schief deshalb, weil einerseits ein „Paar“ andererseits Mutter und Sohn verglichen werden). Abgesehen davon, daß diese Darstellung Eva nicht gerecht wird, verletzt sie alle Frauen. Denn wir werden mit ihr in einen Topf geworfen. So „gut“ wie Maria können wir nicht werden, so „schlecht“ wie Eva wollen wir nicht sein. Hand in Hand mit der Bewertung Evas geht eine Abwertung der Geschlechtlichkeit. Wenn auch das Christentum einerseits betont, daß die Sünde der ersten Menschen der Hochmut sei, glauben doch viele, daß die Ursünde die Sexualität ist. Ein Grund für Probleme mit der Sexualität?

Um Eva gerecht zu werden, müssen biblischer Befund und Wirkungsgeschichte zusammen gesehen werden. Die Teilnehmerinnen sollen zu ihren eigenen Interpretationen kommen können. Gerade bei „bekannten“ Frauen wie der Eva braucht es dazu Zeit – und mehr Material als ich Ihnen anbiete. Entscheidend sind für mich Gottesdienste zu diesem Thema, die Heilung anbieten für Wunden, die Frauen hier bewußt werden können.

Übung:

Schreiben Sie um das Wort Eva, was Sie mit der biblischen Eva verbinden, z.B.
***E**rste Frau, **V**or allen Frauen, **A**dams Frau*
oder:
***E**ine von uns, **V**ielfach angeklagt, **A**ber: Mutter alles Lebendigen.*
Es könnten auch aus der Vielzahl von Evadarstellungen die herausgesucht werden, die unserem Evabild entsprechen. (Große Frauen in der Bibel, 1993) Ein Bild von Lilith findet sich bei Ruether 1988a, 106

Miriam Therese Winter schlägt vor zu fragen:
„Fühlst Du Dich schuldig wegen Evas Schuld? Fühlst Du Dich manchmal zweitklassig, nur wegen Deines Geschlechtes? Wie bewältigst Du diese Gefühle?
Denkst Du, Evas Handeln war ursprünglich Sünde oder Segen? Gleichgültig welche Interpretation Du gewählt hast: Denkst Du, daß wir automatisch Sünde oder Segen erben durch unsere Teilhabe an ihrem Menschsein?
Nach dem Essen des Apfels wurden Adam und Eva völlig menschlich. ... Wo würden wir sein, wenn Eva nicht gehandelt hätte?" (Winter 1992, 12)

Anregungen für unser spirituelles Leben:

Lied: Alles auf Erden hat seine Zeit (Susanne Kramer, in: Himmel 5)
Eva – Mutter des Lebendigen
Eva – die Frau, die die Sünde in die Welt brachte
Eva – Wer bist Du für mich?

Jede Frau bringt ein Symbol für ihre Verletzung mit. Im Betrachten des Symbols läßt sie still für sich die Verletzung wieder aufleben.

Eine Frau: Eva wurde nicht als eigenständige Frau wahrgenommen, sondern als Ergänzung des Mannes. Sie wur-

de nur über ihre Rolle definiert. Auch ich bin nicht in all meinen Möglichkeit ernstgenommen worden – als die, die ich wirklich bin – als die, die ich sein will – als Ebenbild Gottes.
Es hat mich verletzt, daß ...
Als Zeichen meiner Verletzung bringe ich ... in die Mitte, zum Altar. Ich möchte mit Euch, meinen Schwestern, diese Verwundung vor Gott bringen. Betet mit mir darum, daß sie geheilt werde, denn es ist leichter mit einer Narbe zu leben, als mit einer offenen Wunde.

Alle: Jesus, wir haben nicht wie Maria diese Wunden in unseren Herzen bewahrt. Wir haben sie benannt und einander mitgeteilt, damit es uns leichter ums Herz wird. Mit Eva suchen wir neue Töne, neue Möglichkeiten, unsere Rollen zu leben. Der Geist der Liebe und der Gemeinschaft stärke uns bei unserem Neubeginn.
Als Zeichen der Stärkung salben die Frauen einander die Füße – die Hände – die Stirn oder „das Herz" – je nachdem, wo die einzelne Frau die Stärkung braucht.

Lied: Du, Eva, komm sing dein Lied, in: Du, Eva, komm sing dein Lied (Lied 8)

Eva, die Mutter des Lebens, die erste Frau der Bibel, wird vorgestellt im Zusammenhang mit der eigenständigen ersten Frau Adams: Lilith, einem rabbinischen Midrasch. Das Bild Evas durch die Kirchengeschichte ist geprägt durch Verurteilung. Dies hat abgefärbt auf das Bild der Frau – und das Bild ihrer Sexualität.

b. Sara, „damit es mir deinetwegen gut geht"

Bibelstellen: Gen 11,27–32; 12; 13; 16; 17,1–8; 15–21; Gen 18,1–15; 20; 21,1–14; 22,1–14; Gen 23; 24.36.67; 25,10; 49,31; Jes 51,2

Das Wort Sara bedeutet hebräisch Fürstin. Über ihre Herkunft sagt Abraham im Gespräch mit Abimelech: „Übrigens ist sie wirklich meine Schwester, eine Tochter meines Vaters, nur nicht eine Tochter meiner Mutter, so konnte sie meine Frau werden.“ (Gen 20,12) Mit Abimelech macht Sara die gleiche Erfahrung wie mit dem Pharao: Abraham gefährdet die Verheißung Gottes, indem er Sara als seine Schwester ausgibt und verschweigt, daß sie seine Frau ist. Beide Male greift Gott ein und verhindert, daß Sara die Frau eines anderen wird. Beide Male ziehen Abraham und Sara reicher als zuvor weiter. Im Bibellexikon heißt es, daß Sara in der Höhle Machpela begraben wird, dem ersten Teil, das Abraham vom verheißenen Land erworben hat. Indem sie die Mutter Isaaks wird, des verheißenen Kindes, wird sie gleichzeitig die Mutter aller Kinder der Verheißung, d.h. die Mutter der Kinder Israels.

„Als über das Land eine Hungersnot kam, zog Abram nach Ägypten hinab, um dort zu bleiben; denn die Hungersnot lastete schwer auf dem Land. Als er sich Ägypten näherte, sagte er zu seiner Frau Sarai: Ich weiß, du bist eine schöne Frau. Wenn dich die Ägypter sehen, werden sie sagen: Das ist seine Frau, und sie werden mich erschlagen, dich aber am Leben lassen. Sag doch, du seiest meine Schwester, damit es mir deinetwegen gut geht und ich um deinetwillen am Leben bleibe. Als Abram nach Ägypten kam, sahen die Ägypter, daß die Frau sehr schön war. Die Beamten des Pharao sahen sie und rühmten sie vor dem Pharao. Da holte man die Frau in den Palast des Pharao. Er behandelte Abram ihretwegen gut: Abram bekam Schafe und Ziegen, Rinder und Esel, Knechte und Mägde, Eselinnen und Kamele. Als aber der Herr wegen Sarai, der Frau Abrams, den Pharao und sein Haus mit schweren Plagen schlug, ließ der Pharao Abram rufen und sagte: Was hast du mir da angetan? Warum hast du mir nicht gesagt, daß sie deine Frau ist? Warum hast du behauptet, sie sei deine Schwester, so daß ich sie mir zur Frau nahm? Nun, da hast du deine Frau wieder, nimm sie und geh! Dann ordnete der Pharao seinetwegen Leute ab, die ihn, seine Frau und alles, was ihm gehörte, fortgeleiten sollten. (Gen 12,10–20)

Übung:

Sara hat sich verstellt, um ihrem Mann zu Gefallen zu sein.
Für wen – warum verstelle ich mich?
Was hindert mich daran, mich so zu geben, wie ich bin?
Wie gehe ich damit um, wenn ich spüre, daß ich nicht so sein darf wie ich bin?

Sara kann unter weiteren Gesichtspunkten behandelt werden, ich möchte nur einige davon aufzählen: Mutterschaft und Kinderlosigkeit, Frauen, die aufbrechen aus den gewohnten Strukturen, Frauen und Männer, Sexualität in der Ehe – Vergewaltigung, und nicht zuletzt: Konkurrenz unter Frauen (Sara und Hagar).

Anregungen für unser spirituelles Leben

Lied:
„Komm, Seele Geist, versöhne mich mit den Schwestern,
die mir keine sind.
Sie lassen mich fallen für Ehre und Macht.
Komm, komm, komm, ich verlaß mich auf dich.
sie lassen mich fallen für Ehre und Macht.
Komm, komm, komm, ich verlaß mich auf dich."

(Strophe 2 von: Komm, Mutter Geist von Sybille Fritsch, in: Himmel 55)

Eine verschleierte Frau tritt vor und spricht:
Ich bin Sara, die Frau, von der Sie gerade gehört haben. Wie ich mich fühlte, als dieses Geschichte passierte, wird in der Bibel nicht erzählt. Ich will es Ihnen sagen:
Ich bin mitgegangen, wohin Abram und sein Gott es wollten. Zuerst sind wir aufgebrochen aus unserer Heimat, wir haben alle verlassen, die uns Freundinnen und Freunde waren, all unsere Verwandten, bis auf Lot und seine Familie. Dann hatten wir endlich den Ort gefunden, den Gott uns geben wollte. Doch dann brach eine Hungersnot aus –

und wir brachen wieder auf. Abram sagte zu mir: „Sarai, das heißt, meine Fürstin, du bist eine schöne Frau, verstell dich, tu so, als wärst du meine Schwester." Mir war es nicht recht, aber ich sah ein, daß es weniger Probleme geben würde, wenn ich als Schwester gelte. Doch ich wurde zum Pharao geholt. Damit hätte Abrams und meine Geschichte zu Ende sein können. Denn ich war jetzt die Frau des Pharao – oder eine seiner Frauen. Aber Gott griff ein – oder auch ich? Der Pharao reagiert recht milde, er schickt uns aus dem Land, als er erfährt, daß ich Abrams Frau bin. Und wodurch hat er es erfahren? In Eurer Bibel steht: „Als aber der Herr wegen Sarai, der Frau Abrams, den Pharao und sein Haus mit schweren Plagen schlug" – denkt ihr, ich war untätig bei der Sache? Glaubt ihr, ich habe alles mit mir geschehen lassen – bin ich nicht eine „Fürstin", wie mein Name es sagt? Denkt darüber nach, wie es kommt, daß der Pharao so mild reagiert – und uns sogar aus dem Land eskortieren läßt?

Vier verschleierte Frauen treten in die Mitte:

Erste: Ich bin verschleiert, weil ich noch nicht hinter meinen eigenen Schleier geblickt habe. Mir ist nicht klar, wer ich bin – und was ich will.

Zweite: Ich bin verschleiert, weil ich meine Wünsche zurückstellen muß. Ich muß ihre Verwirklichung hinausschieben, denn meine Kinder sind klein und brauchen mich, ich habe keine Zeit für mich.

Dritte: Ich bin verschleiert, weil es mir meine Religion vorschreibt. Mein Schleier kann auch ein Schutz sein.

Vierte: Ich bin verschleiert, weil mein Mann will, daß ich mich verstelle. Ich soll nach außen leben wie seine Schwester, obwohl ich seine Frau bin. Meine Verschleierung soll ihm das Leben erleichtern.

Ruf aus dem Hintergrund: Laßt Eure Schleier fallen – schaut Euch an.
Die Frauen lassen ihre Schleier fallen schauen einander in

die Augen. Sie heben einen Spiegel auf und schauen sich selbst an. Sie wenden sie um und lassen die Teilnehmerinnen des Gottesdienstes in den Spiegel schauen. Dann setzen sie sich.

Stille

Jede Gottesdienstteilnehmerin hat Zeit, sich ihre Situation bewußt zu machen. Wer will, spricht ihre Gedanken laut aus.

Schleier – Symbol der Braut – damals in Israel, heute im Judentum und bei uns Christinnen.
Schleier – Symbol für Unklares, Nebulöses.
Schleier – Symbol der Einführung der Frauen in religiöse Aufgaben als Priesterinnen.
Schleier – Symbol der Jungfrauen, Symbol der Nonnen in der katholischen Kirche.
Schleier – Symbol unvereinbarer Aspekte.
Schleier – ein Symbol für mich?

Stille

Es liegen soviele Schleier bereit, daß sich jede Frau mit einem Schleier beschäftigen kann. Hier werden die Frauen dazu aufgefordert, sich einen Schleier zu nehmen. Wenn jede Frau dazu bereit ist, können einfache Schleierübungen begonnen werden, z.B. Umlegen des Schleiers oder Drapieren des Schleiers, Zelt, Krone oder Sphinx. (Karkutli 138 f, 142 f) Gut wäre es, wenn eine Frau, z.B. mit Bauchtanzerfahrung, hier anleiten könnte.

Wenn es der Situation angemessen ist, kann das folgende Lied angehört bzw. der folgende Schleiertanz getanzt werden:
Lied 9 auf Lust und Liebe, CD von Claudia Mitscha-Eibl. Wien/Korneuburg 1995

Sara, die Stammutter Israels, wird vorgestellt als Frau, die ihrem Mann zuliebe vorspielt, sie sei seine Schwester.

c. Debora, Richterin, „Mutter in Israel“

Bibelstellen: Ri 4,1–22; 5,1–31

Männer sind berufstätig, Frauen zu Hause bei den Kindern. Das war doch schon immer so, so steht es doch auch in der Bibel, oder? Über Debora heißt es:
„In jener Zeit richtete Debora, eine Prophetin, die Frau des Lappidot, Israel. Sie saß unter der Debora-Palme, zwischen Rama und Betel im Gebirge Ephraim, und die Israeliten kamen zu ihr mit ihren Streitigkeiten.“ (Ri 4,4 f)
und an anderer Stelle:
„Ausgestorben waren die Dörfer, sie waren ausgestorben in Israel, bis du, Debora, erstandest, erstandest als Mutter in Israel.“ (Ri 5,7)
Unser Text spielt etwa im 12. Jh. v. Chr.: Die Israeliten waren in das Land Kanaan gekommen, das Gott dem Abraham verheißen hatte. Sie versuchten, mit den Kanaanäern in Frieden zu leben. Debora lebte zu einer Zeit, als die Stadtstaaten Kanaans die eindringenden Kleinviehnomaden, das Volk Israel, bedrohten. Die Stadtkönige hatten sich zusammengeschlossen und die Selbständigkeit und Freiheit Israels stand auf dem Spiel. Deboras Initiative führte zur Rettung des Volkes. Über sie wird in Kapitel 4 in einem Prosatext und in Kapitel 5 in einem Lied berichtet. Dieses wird wie das Miriamlied zu den ältesten Texten der hebräischen Bibel gezählt. Sie wird als Richterin und als Prophetin dargestellt. Die Richter sprechen Recht, wie es von Debora in Ri 4,4 heißt. Sie helfen dem Volk gegen Feinde von außen. So ergreift Debora die Initiative und beauftragt den Heerführer Barak, das Volk gegen die kanaanäischen Stadtstaaten zu führen. Sie benutzt dazu die Botenformel, die sie als Jahwes Prophetin ausweist: „Siehe, was Jahwe, der Gott Israels, befiehlt.“ (Ri 4,6) IsraelitInnen wissen, daß Gott spricht, wenn sie diese Formel hören. Sie verspricht Barak den Beistand Jahwes, wenn er seine Befehle ausführt. Barak aber zweifelt und ist ängstlich, deshalb bittet er Debora mitzugehen. Sie willigt ein, sagt ihm aber: „Ja, ich gehe mit dir; aber der Ruhm bei dem Unternehmen, zu dem du ausziehst, wird dann nicht dir zuteil, denn der

Herr wird Sisera (den feindlichen Heerführer, I.L.) der Hand einer Frau ausliefern." (Ri 4,9)
Anschließend wird erzählt, wie das Heer der Israeliten das feindliche Heer vernichtend schlägt, Sisera aber entkommen kann. Eine Frau, Jael, in deren Zelt sich Sisera geflüchtet hat, tötet diesen. So wird Deboras Verheißung wahr. Das 5. Kapitel des Richterbuches ist das sogenannte Deboralied. Ulrike Bechmann hat über die Deboratexte ihre Diplom- und Doktorarbeit geschrieben. Sie stellte Listen auf für Debora, Barak und Jahwe. Ihr Ergebnis: „Anhand der Listen zeigte sich, daß Debora Barak gegenüber dominant ist. Barak handelt nicht eigenständig, sondern reagiert auf Anweisungen Deboras. Zudem fiel auf, daß Debora die Mittlerfunktion zwischen Jahwe und Barak einnimmt. Von Jahwe selbst wird nur in V 15 a ein Handeln berichtet, alle anderen Aktionen bzw. Befehle sind durch Debora vermittelt." (Bechmann, Prophetin Debora, 83, Anm. 10)
Die Bibelstelle, wie sie uns heute überliefert ist, hat viele Brüche. Das kommt daher, daß nicht Debora, sondern Barak das „Deboralied" singt. Denn in späteren Zeiten war es unvorstellbar, daß eine Frau dieses Lied gesungen hat.

Übung:

Für ein Rollenspiel könnte z.B. folgende Anweisung gegeben werden:
„Jael, spiele die Szene vor im Zelt mit Sisera und das Gespräch zwischen Dir und Barak." (Rembold 1986, 296) Außer Jael könnten Debora, Barak und Sisera SprecherInnen und BotInnen spielen. Vielleicht entsteht dadurch eine Diskussion, ob wir heute das Verhalten Jaels / Deboras als moralisch vertretbar verstehen können oder nicht. Was unterscheidet Jael von David? Oder Debora von Samuel? Kann eine Frau hier einfach in die Geschichte Israels als Siegesgeschichte eingeordnet werden?

Ergebnisse einer Tagung über Debora:

Viele Frauen empfinden die Texte über Debora als zu kriegerisch. Sie wollen sich nicht darauf einlassen. Als besonders abstoßend wird die Geschichte der Jael empfunden, die, ähnlich wie Judith den Heerführer der Kanaanäer hinterrücks ermordet. Bei einer meiner Veranstaltungen konnte sich eine Gruppe von Frauen nicht einigen, wie sie den anderen ihre Geschichte vorstellen wollte. Während sie sich auf den Text einließen, versuchten sie das Wesentliche der Geschichte herauszufinden.

Eine Methode aus dem Religionsunterricht war dabei sehr hilfreich: Auf ein Blatt waren zwei Sprechblasen gemalt. In diese sollten die zwei wichtigsten Aussagen der beiden Kapitel eingetragen werden. Die Gruppe änderte immer wieder ihre Meinung, schließlich sah das Blatt mit den Sprechblasen so aus:

Ausgangspunkt: Zwanzig Jahre Unterdrückung
Sprechblase 1: Debora beauftragt und verspricht Beistand
Sprechblase 2: Barak führt aus.
Aber: Der eigentlich Handelnde ist Jahwe.
Debora ist:

- Richterin
- Prophetin
- Mutter
- selbstverständliches Sprachrohr Gottes
- Begleiterin Baraks / des Volkes Israel im Krieg

Barak ist:

- Heerführer von zehntausend Mann
- siegreich im Kampf
- auf die Hilfe einer Frau angewiesen, um den fremden Heerführer zu besiegen und das Volk zu befreien.

Auswirkung: Vierzig Jahre Frieden

Die Gruppe stellte fest, daß der Text wohl kaum anders ausgesehen hätte, wenn Debora ein Mann gewesen wäre. Sie wird völlig selbstverständlich als Leiterin des Volkes anerkannt und hat Erfolg mit dem, was sie tut. Eine Frau vermutete, daß ein Mann an Deboras Stelle wie Barak gehandelt hätte: Er hätte sich Rückendeckung gesucht. Die Frauen waren davon überzeugt, daß die soziale Situation der damaligen Zeit so war, daß das Muttersein Deboras sich nicht auf das Volk, sondern auf leibliche Mutterschaft bezogen hat. Der

Schock über das Kriegerische dieser Stelle wurde abgemildert, als die Gruppe den Text genau durchging: Dabei stieß sie auf den Satz, daß sie von Sisera zwanzig Jahre lang aufs Schwerste unterdrückt worden waren. Ein Vergleich mit Hitler führte dazu, daß der Mord an Sisera zum Tyrannenmord wurde. Die Frauen teilten den Text so auf:

1. Israel betet fremde Götter an.
2. Gott bestraft sie dafür mit zwanzig Jahren harter Unterdrückung.
3. Die Israeliten schreien zu Gott um Hilfe.
4. Debora als Prophetin – Stimme Gottes – sagt Barak, daß er Heerführer sein soll, begleitet ihn und nennt ihm den Zeitpunkt des Angriffs.
5. Die kanaanäischen Städte werden besiegt, das Volk Israel kann vierzig Jahre lang in Frieden leben.

Der selbstverständliche Machtanspruch, mit dem Debora auftritt und die Tatsache, daß sie – trotz ihres Frauseins – keinen Zweifel an ihrer Berufung hatte, führte die Gruppe zur Frage, ob hier ein matriarchaler Rest anzunehmen sei. Das Wort Richterin verstanden sie als Wortspiel: Sie ist an der richtigen Stelle. Es zeigt sich daran: Die Menschen kommen zu ihr heraus, die Palme unter der sie sitzt, wird nach ihr benannt.

Insgesamt entdeckten die Frauen sehr verschiedene Frauenrollen in diesem Text:

- Wir Frauen sind machtvoll wie Debora, sie befiehlt in Jahwes Namen.
- Wir Frauen sind unterdrückt wie die Frauen in Vers 30, wo vermutet wird, daß jeder Mann zwei Frauen als Kriegsbeute bekommt.
- Wir Frauen sind wie Jael, die den Unterdrücker tötet und damit dem Volk vierzig friedliche Jahre ermöglicht.

Die Frauen fühlten sich nach der Beschäftigung mit dem Text „erlöst“, weil sie – in der Konfrontation mit der Geschichte unseres Volkes – einen Weg gefunden hatten, das kriegerische Handeln einer Frau zu verstehen. Es war mehr die konkrete Tat der Jael, als die begleitende Rolle der Debora, die die Frauen abgestoßen hatte. Wir formulierten dann den Text, der die folgenden Anregungen abschließt.

Anregungen für unser spirituelles Leben:

Lied: Schenk uns Weisheit, schenk uns Mut (Irmgard Spieker, in: Himmel 119)

Ein Psalm für das Geschenk guten Rates

Wir feiern das Zeugnis von Frauen,
Frauen, die guten Rat gaben,
Frauen, die guten Rat geben,
im öffentlichen Leben,
in Institutionen,
in Politik,
Akademien,
Medizin,
Religion
und industriellen Gemeinschaften.

Alle: Wir beten um das Geschenk des Rates, das uns selbst gegeben wird.

Chor 1: Wir preisen Dich, Gott, für das Zeugnis von Frauen heute und durch die Zeiten.

Chor 2: Wir singen von Debora und allen anderen Frauen, die guten Rat geben und gaben.

Chor 1: Frauen, die Richterinnen und Geschworene sind,

Chor 2: Frauen, die Anwälte sind und Frauen, die Dienstherrinnen sind,

Chor 1: Frauen in Kongressen und Regierungen, Bürgermeisterinnen und allen bürgerlichen Führerinnen heute,

Chor 2: Frauen, die soziale Verantwortung tragen, Frauen, die für Gemeinschaften verantwortlich sind,

Chor 1: gelehrten Frauen, die andere anleiten oder führen, Beraterinnen, und allen, die in der Forschung beschäftigt sind,

Chor 2: Bischöfinnen, Predigerinnen, Priesterinnen, Lehrerinnen, Amtsträgerinnen, Beraterinnen und Sorgenden,

Chor 1: Physikerinnen, Musikerinnen, Therapeutinnen, Ärztinnen, Journalistinnen und allen Frauen in den Medien,

Chor 2: Frauen, die ausführen, anordnen, produzieren, dirigieren, inspizieren und supervisieren.

Alle: Mögen alle in der Öffentlichkeit arbeitenden
gesegnet sein mit dem Segen des Rates.
Mögen wir guten Rat geben in den Rollen unseres Öffentlichen Lebens.

(Winter 1992, 39)

Wir lesen die Geschichte Deboras und sprechen darüber. Anschließend formulieren wir unsere eigenen Texte an/über Debora oder sprechen:

Debora
Selbstverständlich handelst Du im Namen Gottes.
Du hast eine Sicherheit, die Dir niemand nehmen kann.
Alle glauben Dir, daß Du in Gottes Namen sprichst.
Sie vertrauen Deiner Gerechtigkeit.
Was Du sagst ist ihr Recht, ist ihnen recht.
Auf Dein Wort hin folgt der Heerführer Barak Jahwes Ruf zum Krieg.
Doch Barak braucht Deine Hilfe.
Du gibst den Zeitpunkt an, wo er losschlägt.
Du stehst in Verbindung zu Gott und bist die Mittlerin zwischen Gott und seinem Volk.
Du bist Gottes Werkzeug als Mutter.
Du erhebst Dich.
Du rufst.
Du gehst.
Du vertraust, damit Dir vertraut werde.
Du bist Mutter Deiner Kinder und erweist Dich als Mutter Deines Volkes.
Du versteckst Dich hinter niemand und sagst uns damit:
Versteck Dich nicht. Stell Dein Licht nicht unter den Scheffel.
Sei Prophetin, wo Du in Gottes Namen sprechen mußt.

Dein Vertrauen gibt auch uns Vertrauen.
Dein selbstverständliches Handeln möge auch uns Kraft geben, selbstverständlich mit Gott zu handeln. Dann wird man auch uns vertrauen, wie man Dir vertraut hat.

Das Lied „Schenk uns Weisheit, schenk uns Mut" wird wiederholt.

Debora wird nicht in ihrer Rolle als Mutter, sondern ihrer Rolle als Prophetin und Richterin in Israel vorgestellt. Sie verkündet dem Heerführer das Wort Gottes und begleitet ihn. Ihrem Einsatz ist es zuzuschreiben, daß Israel eine Zeit des Friedens erlebte.

d. Rut, die Ausländerin und treue Freundin Noomis

Hier möchte ich nicht mit einer einzelnen Bibelstelle beginnen, da das Buch Rut ein eigenes Buch der hebräischen Bibel ist – und vollständig, vielleicht mit verteilten Rollen (vor)gelesen werden sollte.
Darin finden wir ein Beispiel für Gottes- und Freundinnenliebe in der Beziehung von Rut und Noomi. Noomi muß einen überzeugenden Gottesglauben gelebt haben. Denn ihre Schwiegertochter Rut verließ Land, Freunde und Verwandte und ihre Gottheiten, um mit Noomi in ein unbekanntes Land zu ihren Menschen und ihrem Gott zu ziehen. Italienische Frauen bezeichnen diese Beziehung als „affidamento" – also als eine Beziehung zwischen Frauen, die diese im Interesse ihres Geschlechtes eingehen. Die Wurzel dieses Wortes ist „Treue".
Die Stelle, wo Rut Noomi verspricht, sie nicht zu verlassen, wird oft als Text für Hochzeiten ausgewählt. Wenige wissen, daß es sich hier um ein Treueversprechen handelt, das eine Frau einer anderen Frau gibt:
… „Dränge mich nicht, dich zu verlassen und umzukehren. Wohin du gehst, dahin gehe auch ich, und wo du bleibst, da bleibe auch ich. Dein Volk ist mein Volk, und dein Gott ist mein Gott. Wo du stirbst, da sterbe auch ich, da will ich be-

graben sein. Der Herr soll mir dies und das antun – nur der Tod wird mich von dir scheiden." (Rut 1,16)
Rut bekräftigt den Ernst, den sie in das Versprechen legt, mit einer allgemeinen Formel, dem Verwünschungseid.

Übung:

Denken Sie doch einmal über die entscheidenden Wege Ihres Lebens nach!
Wer ist sie mit Ihnen gegangen – auf wen konnten Sie sich dabei verlasssen? Oder umgekehrt gefragt:
Wer konnte sich auf Sie verlassen bei den wichtigsten Etappen seines / ihres Weges?

Wie gut es tut, nicht verlassen zu sein, wenn Wege durch Schluchten führen oder kaum gangbar sind. Wie gut es tut, Erinnerungen zu teilen, an kaum bezwingbare Wegstrecken. Wie traurig es ist, kaum einen Menschen oder kaum mehr einen Menschen zu haben, mit dem ich solche Erinnerungen teilen kann.
Rut hat dieses Versprechen ihrer Schwiegermutter Noomi gegeben. In einer schier ausweglosen Situation. Die Namen der Beteiligten drücken ihr Handeln in dieser Situation aus, bzw. ihre Lebensverhältnisse. Noomi (meine Liebliche) aus Bethlehem ist mit ihrem Mann Elimelech (Gott ist König) in das Nachbarland Moab ausgewandert, da in Israel Hungersnot herrschte. Dort haben ihre Söhne Machlon (Krankheit) und Kiljon (Schwindsucht) einheimische Frauen geheiratet. Mann und Söhne Noomis sterben, und sie steht mit ihren Schwiegertöchtern Orpa (die sich abwendet) und Rut (Freundin) allein da. In dieser Situation hört Noomi, daß es in Israel wieder genug zu essen gibt. Mit ihren Schwiegertöchtern macht sie sich auf den Weg zurück in ihre Heimat. Da sie Rut und Orpa keine Zukunft zu bieten hat – Frauen in Israel und Moab waren rechtlos ohne Mann – fordert sie die beiden auf, zurück zu ihren Familien zu gehen. Vielleicht werden diese neue Männer für sie finden oder sie zumindest mitversorgen. Orpa nimmt diese Chance der relativen Sicherheit an, Rut lehnt diese Möglichkeit ab: Sie, die Fremde, bekräftigt unauf-

gefordert ihre Treue zu Jahwe, dem Gott Israels. Sie, die rechtlose Schwiegertochter, verspricht ihrer Schwiegermutter Beistand auf ihrem Weg ins Ungewisse. Sie erweist sich als die Freundin, wie ihr Name besagt. Wie sich Noomi bei ihrer Rückkehr fühlt, zeigt ein Gespräch mit einer Bekannten: „Nennt mich nicht mehr Noomi (Liebliche), nennt mich Mara (die Bittere), denn Schaddai hat mich mit Bitternis erfüllt. Voll bin ich ausgezogen; leer führt Jahwe mich zurück.“ (Rut, 1,20 f)

Israel kennt verschiedene Gesetze, um die Rechtlosen zu schützen. Arme dürfen auf den Äckern verbliebene Ähren auflesen. Dies Recht der Armen ist jedoch im Laufe der Zeit zu einem Almosen geworden, deshalb ist Rut ängstlich, als sie Noomis Aufforderung folgt, Ähren zu lesen. Sie hat jedoch Glück. Das Feld, auf dem sie liest, gehört Boas, der sogar seine Arbeiterinnen und Arbeiter bittet, besonders viele Ähren für Rut liegen zu lassen. Er lädt sie auch zum Essen ein. So müssen Noomi und Rut nicht Hunger leiden. Da Boas ein Verwandter Noomis ist, erinnert sich Noomi an das Gesetz des Lösers. Hier wird eine in der hebräischen Bibel einmalige Verbindung zwischen verschiedenen Gesetzen geschaffen, die die Armen schützen sollen: Die Schwagerehe besagt, daß der Bruder oder ein naher männlicher Verwandter eines verstorbenen Mannes dessen Frau heiratet. Das Kind aus dieser Verbindung gilt als Kind des Verstorbenen. Dadurch bleibt dessen Erbe erhalten und seine Witwe ist versorgt.

Noomi fordert Rut auf, sich zu baden und am Abend zu Boas Füßen zu legen. Als Boas sie anspricht, fordert Rut ihn auf, Löser für sie zu sein. Nachdem Boas mit einem noch näheren Verwandten die Rechtsfrage geklärt hat, heiratet er Rut. Bei der Geburt ihres Sohnes wird Noomi gepriesen: „Er (Obed, d.h Knecht Jahwes, Ruts Sohn) sei dein Tröster und deine Stütze im Alter, denn deine Schwiegertochter, die dich liebt, hat ihn geboren; mehr ist sie dir wert, als sieben Söhne.“ (Rut 4, 15)

Erfahrungen eines Seminars zur Rut-Noomi-Geschichte:

Das Buch Rut eignet sich wie kaum ein anderer biblischer

Text (außer der Maria/Marthageschichte) dazu, Solidarität und Konflikte zwischen Frauen zu besprechen. Dabei ist als heikler „Sonderfall“ von Frauenbeziehung das Schwiegermutter-Schwiegertochter-Verhältnis hier in zwei Varianten angesprochen. Eine Frau, die mit ihrer Schwiegermutter zusammen lebt, erzählte der Gruppe davon, wie ihr sofort ihre eigene Beziehung „hochkam“. Im Rollenspiel übernahm sie die Rolle der Orpa: Sie konnte die sein, die sich von ihrer Schwiegermutter verabschiedete. Ihr kamen Erinnerungen hoch an Zeiten, wo sie sich mit ihrer Schwiegermutter noch gut verstand.

Dadurch konnte sie am Abend nach Hause zurückkehren. Sie sagte uns: „Der heutige Tag hat mir geholfen, mich selbst und meine Schwiegermutter wieder neu zu sehen. Ich habe gemerkt, daß ich zuerst davor zurückschreckte, mich mit diesem Thema auseinanderzusetzen. Mir war es unvorstellbar, daß Rut mit ihrer Schwiegermutter ging. Aber jetzt bin ich soweit, daß ich auch die Rolle der Rut spielen könnte.“

Sicher kann ein Tag nicht alle Probleme aus der Welt schaffen. Nicht nur an diesem Beispiel haben wir festgestellt, daß es Themen in der Bibel gibt, denen wir am liebsten aus dem Weg gehen möchten. Andererseits sind es genau die Themen, die wir angehen müssen. Judith Jannberg nennt es: „Haarscharf der Angst entlang. Der Wegweiser für richtiges und mutiges Verhalten ist die Angst.“ (Jannberg 1985, 115).

Die Frauengruppe kann der Ort sein, wo ich im Rollenspiel meine Schwierigkeiten durchspielen kann. Da es manchen Frauen schwer fällt, die Situationen zu benennen und durchzuspielen, die ihnen unter den Nägeln brennen, kann der Umweg über eine biblische Figur hilfreich sein. Befreiend kann es auch sein, sich auf andere Positionen einzulassen. So stand in der Rut-Gruppe die Frau, die das Verhalten von Rut gut fand, zuerst allein da. Eine andere Frau empfand Rut als eine, die immer nur zu allem ja und Amen sagte, was die Schwiegermutter vorschlug. Durch die intensive Beschäftigung mit dem Text und das Gespräch darüber, wer welche Rolle spielt und wie, kamen die Frauen gemeinsam dazu, Rut besser zu verstehen. Nachdem sie uns anderen – sehr engagiert – die Szene vorgespielt hatten, wo sich Orpa verabschie-

det, fühlten sie sich sehr gut. Sie konnten einander Rückmeldungen geben und die Rückmeldungen der Gruppe annehmen. Die Rutgeschichte eignet sich auch dazu, Mann-Frau-Beziehungen anzuschauen.
Wie bei Debora gezeigt wurde, könnten die Handlungen von Rut und Boas aufgeschrieben werden, z.B. Rut legt sich zu ihm, Boas redet mit Rut … . Dabei käme zum Ausdruck, daß Boas wie Jesus in seinen Beziehungen zu Frauen die Frau Rut ganz ernst nimmt und so handelt, daß es ihr guttut – und ihm guttut. Boas ist ein Mann, der Frauen fördert – hier könnten die Frauen sich befragen, wo ihnen das so ging in ihrem Leben – und was wäre wenn viele Männer wie Boas handeln würden.

Anregungen für unser spirituelles Leben:

Lied: Stellst unsere Füße Gott auf weites Land, (Dorle Schönhals-Schlaudt, in: Du Eva, 31)

Wir erzählen das Buch Rut und sprechen darüber wie es uns geht, mit Rut, mit Noomi, mit Boas.

Wir denken an unsere Beziehungen zu Freund/in, Schwiegermutter, Mann und Gott. Wie geht es uns? Möchten wir es aussprechen?
Rut erfuhr die Freundschaft ihrer Schwiegermutter, ich …
Noomi erfuhr die Treue Ruts, ich …
Noomi erfuhr die Untreue Orpas, ich …
Rut und Noomi erfuhren Unterstützung durch einen Mann, ich …
Rut und Noomi waren einander gute Freundinnen, ich …

Rut, Freundin,
Dein Name ist Dir nicht umsonst gegeben. Du hast erwiesen, daß Du eine treue Freundin sein kannst. Auch ich bin Freundin – und täglich neu freue ich mich am Geschenk der Freundschaft. Täglich neu ist es mir aufgegeben, zu sehen, wie und wo ich Freundin sein kann.
Rut und Noomi, welche Freundschaft muß zwischen Euch gewesen sein, daß eine nicht ohne die andere sein konnte.

Rut und Noomi, wie nah müßt ihr Euch gefühlt haben im gemeinsamen Schmerz. Rut und Noomi, welcher Gott hat euch geführt und ist mit euch gegangen?
Es muß eine starke Gottheit gewesen sein, eine liebevolle Gottheit, daß Du Abschied nehmen konntest, Rut, von allem, was Dir lieb und vertraut war.
Du hast alles hinter Dir gelassen, Deine Familie, Dein Volk, Dein Land, ja, sogar Deine Göttinnen und Götter, und bist ins Unbekannte aufgebrochen. Du hattest keinen Ruf, wie Abraham, nur das Wort einer Frau, die Dich drängte zurückzubleiben, in dem, was Dir vertraut war. Wie mußt Du sie geliebt haben, daß Dir eure Beziehung wichtiger war, als alles auf der Welt. War es der Mut der Verzweiflung, der Dich trieb, mit einer zu gehen, die allen Mut verloren hatte, die sich selbst als bitter und leer bezeichnete, Rut?
Du kanntest Deine Rechte und Möglichkeiten als Frau – und sie waren gering. Und doch – Ihr habt es geschafft. Ihr habt euch ein neues Leben aufgebaut, gegründet auf Eurer Klugheit und Tapferkeit, gegründet auf Eurem Vertrauen auf Gott, gegründet auf Eurer Liebe.

Lied: Wohin du gehst – Lied der Rut (Du Eva, 31)

„Ruth

Gespräche
aus Spreu
Korn füllt seine Kammern
mit Mchl
Wenn die Gespräche
verstummen
Wind die Spreu entführt
liest Rut Ähren auf
mit klugen Fingern

(Rose Ausländer 1984,108)

Zur Weiterarbeit empfiehlt sich: Das Buch Rut. Eine Weg-Beschreibung mit Texten, Liedern, Tänzen und Gebeten, hg. v. Dorle Schönhals-Schlaudt und Projektgruppe Rut.

Rut erweist sich für ihre Schwiegermutter Noomi als treue Freundin. Ihretwegen verläßt sie Heimat, Göttinnen und Götter. Sie erlebt „Frauenförderung" durch ihren späteren Mann Boas.
Noomi stammt aus Betlehem (Brothausen). Wegen einer Hungersnot verläßt sie ihre Heimat, findet aber zurückgekehrt Brot für Leib und Seele, Rut ist ihr mehr wert als sieben Söhne – nicht nur weil sie ihr einen Erben geschenkt hat.

e. Hulda, eine Prophetin der Endzeit

Bibelstellen: 2Kön 22,11–20; 2Chr 34,22–28

2 Könige 22, 8ff gehört zum deuteronomistischen Geschichtswerk, wo nach dem Untergang, wohl um 587 v. Chr., im Exil, die Vergangenheit aufgearbeitet wird: Der Abfall von Jahwe hat zum Untergang geführt. *Hulda, die nur hier vorkommt, ist die einzige Prophetin der Königszeit, die wir mit Namen kennen.* Man bringt ihr „das" Buch, das Gesetzbuch Josias. Damit begann König Josia seine Reformarbeit. Er vernichtete Kultstätten männlicher und weiblicher Gottheiten und konzentrierte den Jahwekult auf Jerusalem. Die Prophetin Hulda soll die Echtheit des Buches bestätigen. Sie tut es, indem sie die Botenformel benutzt: „So spricht der Herr, der Gott Israels." Sie verkündet das unabänderliche Unheil, das Israel treffen wird. Als das Individuum, das sie war, ist sie kaum greifbar. In der Exegese wird sie oft abgewertet. Marie-Theres Wacker begründet dies so:
„Stellt demnach die Hulda der Hebräischen Bibel das Bild des prophetischen Amtes als männliches Privileg in Frage, so die Hulda der späteren jüdischen und christlichen Theologie, die Schriftgelehrsamkeit als rein männliche Wissenschaft." (Wacker 1989, 96)
Der Hintergrund der Geschichte der Prophetin Hulda: Israel weiß, daß sein Gott der Einzige ist, dem es folgen soll. Doch immer wieder beten die Menschen zu anderen Göttern, so auch die Vorfahren des Königs Josia. Diesem wird ein Buch gebracht, das eine umfassende Reform auslöst. Es enthält Ge-

setze und erinnert die Menschen daran, daß Gott ihr einziger Gott ist und keine anderen Götter neben sich duldet. Als Josia das hört, zerreißt er seine Kleider. Damit bekennt er seine Schuld. Er schickt die Priester zur Prophetin Hulda: „Geht und befragt den Herrn für mich, das Volk und für ganz Juda wegen dieses Buches.“ (2Kön 22,13a)
Da gingen die Priester zur Prophetin Hulda. „Sie war die Frau Schallums … und wohnte in Jerusalem in der Neustadt. Die Abgesandten trugen ihr alles vor und sie gab ihnen diese Antwort:
So spricht der Herr, der Gott Israels: Sagt zu dem Mann, der euch zu mir geschickt hat: So spricht der Herr: Ich bringe Unheil über diesen Ort …“ (2Kön 22,14b ff)
Hier kommt zweimal das Schema: Botenformel – Anklage und Strafandrohung vor. Dadurch wird die Sprecherin als Prophetin gekennzeichnet. Beim ersten Mal wird das Volk angesprochen, im zweiten Teil der König. Für ihn wird die Strafandrohung eine Verheißung: „Du hast deine Kleider zerrissen und vor mir geweint. Darum habe ich dich erhört – Spruch des Herrn.“ (2Kön 22,19)
Das Buch ist erst nach dem Untergang Jerusalems geschrieben (587 v. Chr.). Die Verheißung an den König spendet ihm persönlich den Trost, daß er in Frieden sterben darf und den Untergang nicht miterleben muß – ein schwacher Trost? Angesichts der Kriege unserer Zeit, wie des Krieges im ehemaligen Jugoslawien, der immer neu aufflackernden Konflikte in Israel … und der atomaren Möglichkeiten der Menschheit für uns heute realistischer als je zuvor? In Vers 17 werden die lebenden und toten Juden angeklagt, fremden Göttern geopfert zu haben, es geht also um die individuelle Verantwortung und um die Schuld der Gemeinschaft.

Übung:

Zur Einfühlung in die Prophetin Hulda kann ein Rollenspiel oder ein Bibliodrama dienen. Dabei wird es nicht ausbleiben, daß darüber nachgedacht wird, ob wir uns heute vorstellen können, daß einer Frau in Religionsfragen solche Kompetenz zugestanden wird.

Sehr interessant ist auch die Wirkungsgeschichte bzw. die Auslegungsgeschichte dieses Textes, wie sie von Maria–Theres Wacker aufgezeigt wird:
Zuerst fragen sich die Exegeten, warum wohl Josia darauf verfiel, seine Leute zu einer Frau zu schicken: „Jeremia war vielleicht nicht da, oder er habe es wohlwollend geduldet, daß sie sich als Prophetin bestätigte, denn es bestanden verwandtschaftliche Beziehungen zwischen ihnen, oder auch: Josia habe auf die größere Weichherzigkeit einer Frau (für sich) gehofft (alles b Meg 14 b).
Arnold Ehrlich glaubt an eine Art (nicht näher spezifiziertes) Priesterkomplott, für das Jeremia nicht zu interessieren gewesen sei, in das Hulda aber über ihren Mann leicht habe hineingezogen werden können (Ehrlich, S. 318 f). Schließlich fehlt auch eine primitive Verunglimpfung nicht: Weil Hulda sich unehrerbietig dem König gegenüber geäußert habe (‚der Mann'), trüge sie zur Strafe ihren häßlichen Namen, der so viel wie ‚Maulwurf' bedeutet (b Meg. 14 b), Maulwürfe sind bekanntlich auch blind …" (Wacker 1989, 85)
Zur positiven Huldatradition ist zu sagen:
Zwei Tore der Südmauer des Tempels heißen nach ihr und eine Straße im heutigen Jerusalem. Bei den Juden steht sie als Prophetin und Schriftgelehrte in hohem Ansehen. Bis ins letzte Jahrhundert wurde ihr Grab als Wallfahrtsstätte verehrt.

Erfahrungen aus der Frauenarbeit mit diesem Text

Einer Gruppe von Frauen, die sich mit der Hulda beschäftigt hatte, war es unvorstellbar, sich eine heutige Frau in Huldas Position vorzustellen. Ihre Begründung:
Sie trauten heutigen Männern nicht zu, eine Frau so ernst zu nehmen. Warum? Welche Erfahrungen haben sie wohl gemacht? In den seltensten Fällen kennen Frauen diesen Text, bzw. den Namen dieser Frau. Andererseits ist die Situation „Prophetin der Endzeit" uns näher als viele andere biblische Situationen. Der kurze Text über die Prophetin Hulda verleitet dazu, nicht lange am Text zu bleiben, weil die Parallelen zu unserer Situation heute zu deutlich sind. Um dieser Ge-

fahr zu entgehen, sollten kreative Methoden wie Bibliodrama oder Rollenspiel der Gruppe vorgegeben werden.
Um die Wirkungsgeschichte aufzuarbeiten könnte es interessant sein, Huldas Leben mit dem des Jeremia zu vergleichen. Ein Vergleich der Aussagen der Exegeten über Hulda und Jeremia können deutlich machen, wie sehr persönliche Ansichten die Forschungsergebnisse beeinflussen. Das Ziel dieses Vergleiches soll sein, Frauen Mut zu machen. Sie erkennen, daß Exegeten manchmal auch nur vermuten. Dadurch werden die Ergebnisse aufgewertet, die sie selbst bei ihrer Textarbeit gewonnen haben.

Anregungen für unser spirituelles Leben:

Klagegottesdienst:

Lied: Ich hebe meine Augen auf zu den Bergen (Ps 121, in: Himmel 98)

Rollenspiel zur Prophetin Hulda zur Bibelstelle 2Kön 22, 14–22, danach:

Miriam Therese Winter schlägt vor zu fragen:
- „Huldas ursprüngliche Worte wurden neu-verfaßt von Männern. Ist Dir das je passiert? Wie fühltest Du Dich dabei? War das, was Du sagen wolltest, exakter vor oder nach der Überarbeitung? Warum?
- Wenn Du eine Meinung vertrittst, der nur wenige zustimmen und die eine unpopuläre Botschaft weitergibt, hast Du dann manchmal Schwierigkeiten zu reden? Warum?
- Gibt es heute Prophetinnen? Was ist ihre Botschaft? Hört ihnen jemand zu?“ (Winter 1991, 337)

Nach dem Gespräch über diese Fragen könnten wir sprechen:
Auch über mich ist Unheil gekommen, denn …

Wenn alle, die etwas sagen wollen, geendet haben:
„Du hast Deine Kleider zerrissen und vor mir geweint,

deshalb habe ich Dich erhört." So spricht Jahwe aus Huldas Mund. Auch wir können von der Klage zur Freude finden, denn ...

Wenn alle, die etwas sagen wollen, geendet haben, kann 2Kön 22, 14–22 noch einmal gelesen werden.

Möglich wäre es auch einen Klagetext aus den Aussagen der Exegeten über die Prophetin Hulda zu erstellen. Abschließend könnte vorgelesen werden:
Hulda, Du stehst als Prophetin der Endzeit vor uns. Der König schickt seine Berater zu Dir und nimmt Dein Wort an. Uns verletzen die Verunglimpfungen, die Dein Ruf durch die Geschichte erfuhr. Du bist Prophetin und ermutigst uns zu sehen, wo wir reden und handeln können.

Lied: Bewahre uns Gott (Himmel 114)

Hulda stellt uns die Bibel als Prophetin der Endzeit vor. Sie ist Gottes Stimme in schwerer Zeit und Mitinitiatorin einer großen Reform, die das von ihr als Gottes Wort erkannte Buch auslöst.

8. Vorbilder aus dem Neuen Testament

Bild: Drei handelnde Frauen: Drei Frauen, die mittlere betrachtet das Brot in ihren Händen, die rechte hebt den Wein, die linke spielt mit einem Kind, das hier unsichtbar bleibt. Rechte Seite des dreiflügligen Altares von Candace Carter.

Ein Bild am Rand – und doch ein Bild der Mitte. Keine der Frauen wendet sich der anderen zu. Die rechte Frau blickt die Betrachter an, es scheint als wolle sie uns den Kelch weiterreichen. Sie lächelt und wirkt gelöst. Die Schwester neben ihr ist versunken in die Betrachtung des Brotes – das diesmal nicht die Mitte einnimmt, wie in üblichen Abendmahlbildern.

So wie es uns Frauen nicht zukommt in der Mitte zu stehen, am Altar zu stehen, so begnügt sich auch Jesus, symbolisiert im Brot, mit dem Platz am Rand. Die linke Frau nimmt die Hand des Kindes. Sie führt über den Bildausschnitt hinaus – zum gemeinsamen Tisch. Alle drei Frauen handeln – und sind doch einfach anwesend. Es ist nichts Lautes, Schreiendes an diesem Bild. Es erinnert an Simone Weils Vision, in der Brot wirklich wie Brot schmeckt, Wein wirklich wie Wein. Die Gegenwart der Gemeinschaft und die Gegenwart Gottes lassen zur Ruhe, zur Einheit kommen.

a. Maria und Elisabet: „Und er erhöht die Niedrigen" – Selbststand von Frauen und Mutterschaft

Elisabet, Bibelstellen:
Lk 1,5–80
Maria, Bibelstellen:
Lk 1,26–56; 2,1–51; 8,19–21
Mt 1,18–25; 2,1–23; 12,46–50; 13,53–58
Mk 3,31–35; 6,1–6
Joh 2,1–12; 19,25–27
Apg 1,14

Wir kennen viele Darstellungen der Begegnung dieser beiden schwangeren Frauen. Maria wurde in den letzten Jahren neu entdeckt, als eine, die nicht nur demütig tat, was Gott wollte, sondern nachfragte: „Wie soll das geschehen?" Als sich Maria und Elisabet begegnen, singt Maria das Magnifikat. Ein Lied, das beschreibt, wie Menschen sich auf einer Stufe begegnen können: „Mächtige stürzt er vom Thron und er erhöht die Niedrigen." Zwischen Maria und Elisabet wurde Begegnung möglich, weil sie sich in der gleichen Situation befanden: Beide wurden überraschend schwanger – beide wurden zum Gegenstand des Geredes ihrer Mitmenschen. Sie hätten auch andere Möglichkeiten gehabt, mit ihrer Situation umzugehen: Jede hätte sich in ihr Schneckenhaus zurückziehen können, sie hätten die Öffentlichkeit und die Begegnung mit anderen Frauen meiden können.

Nicht nur den Müttern, sondern allen Frauen wird Maria als Vorbild hingestellt, Grund genug uns zu fragen:

Übung:

Durch wen habe ich Maria kennengelernt?
Was bedeutete sie dieser Person – was bedeutete sie mir damals und heute?
Wer ist für mich Elisabet? Spielt sie die „geringere Rolle“ – ist sie nur „Folie“ für die Mutter Jesu?
Welche Rolle kann ich mir für mich vorstellen in dieser Beziehung?

Verschiedene Texte zum Magnifikat aus verschiedenen Jahrhunderten werden gelesen. Jede Frau entscheidet sich für einen Text und schreibt ihre Gedanken dazu auf.

Für meine Mutter war Maria die Vertraute, die ihr den Weg zu Gott leichter machte, weil Gott für sie der Ferne war. Ihre Mutterbeziehung zu Maria drückte sich treffend darin aus, daß sie am liebsten „Segne Du Maria, segne mich Dein Kind“ sang. Als ich schwanger wurde, verletzte es mich tief, daß eine Freundin zu mir sagte: „Jetzt bist du endlich eine richtige Frau!“ Sie drückte wohl ihr eigenes Ungenügen aus, denn sie hätte auch gerne ein Kind gehabt – und sie gibt dem schwelenden Konflikt unter Frauen Worte: Das Muttersein kann Frauen trennen.
Mütter beneiden Nicht-Mütter um die vielen zeitlichen und finanziellen Möglichkeiten, die sie nicht haben – Nicht-Mütter beneiden Mütter um ihre Kinder, sofern sie diese als „geglückt“ empfinden. Gerade junge Mütter fühlen sich festgelegt auf bestimmte Vorstellungen des Mutterseins – oder legen sich auch selbst fest, indem sie sich nicht trauen, trotz Kind/ern ihr eigenes Leben zu leben. Als „Rabenmütter“ werden Mütter beschimpft, die sich nicht so um ihre Kinder kümmern, wie andere es gern sehen würden. Die Rolle der Väter wird kaum beachtet, die Verantwortung für die Erziehung nützlicher Mitglieder unserer Gesellschaft liegt bei den Müttern. In unserer kinderfeindlichen Gesellschaft sind sie Sün-

denböcke für vieles. An sie werden hohe Anforderungen gestellt bei gleichzeitiger geringster Unterstützung, denken wir nur an das, was Frauen erleben, wenn sie ungewollt schwanger werden. Die verschiedenen Bibelstellen von Maria und Elisabet zeigen, daß von Elisabet nur im Zusammenhang mit der Geburt ihres Kindes die Rede ist, während wir an Maria den Ablösungsprozeß der Mutter von ihrem Kind miterleben können. Jesus verweist Maria darauf, daß ihm alle Mütter und Geschwister sein können, die den Willen Gottes tun. Er stellt die leibliche Mutterschaft hinter die geistige Mutter- und Geschwisterschaft. Ein Aufruf an uns, die Personen wichtiger zu nehmen als die Rollen. Die Aufforderung, unser geistiges Leben nicht zu vernachlässigen, sondern uns unsere eigenen Gedanken zu machen, uns Zeit für uns zu nehmen, um die zu werden, die wir sein sollen und können.

Anregungen für unser spirituelles Leben:

Lied: Magnifikat anima mea (Kriemhild Papenbrok, in: Himmel 101)

Aus einer Vielzahl von Darstellungen dieser Begegnung wählen sich die Frauen das aus, was sie am meisten anspricht. Worauf kommt es der Künstlerin, dem Künstler an? Warum berührt mich gerade dieses Bild?

Gemeinsam wird das Magnifikat gelesen. (Lk 1,46–56)

„Ein Frauenpsalm des Preises

Maria: Meine Seele preist die Macht Gottes,
Elisabet: mein Geist frohlockt in Shekina/Shaddai,
denn sie hat Großes an mir getan.
Beide: Heilig ist ihr Name!
Maria: Ihre Gnade erreicht die Menschen, die Gott fürchten
in allen Generationen,
Elisabet: sie überwältigt die, die arrogant sind
mit der Stärke ihrer ausgestreckten Hand,

Maria: Sie erniedrigt die Herrschenden und Mächtigen,
und sie ermächtigt sanft die Armen.
Elisabet: Sie sättigt großzügig die Hungrigen
und läßt die Reichen leer ausgehen.
Maria: Sie ermutigt alle, die sich ihr zuwenden,
um zu erinnern an ihre vergangenen Wohltaten.
Elisabet: Sie spricht durch unsere Mütter und Großmütter,
Maria: durch Sara und all ihre Töchter,
die ihren Lobpreis singen allezeit!
Elisabet: Heilig ist ihr Name."

(Winter 1991b, 7)

Einzelne Frauen lesen Texte und Lieder zum Magnifikat aus verschiedenen Zeiten vor und erklären, was sie anspricht. In kleinen Gruppen suchen die Frauen nach passenden Bildern zu den Texten. Zur Auswahl stehen könnten z.B. Texte aus Christa Peikert-Flaspöhlers Buch zum Magnifikat: „Heut singe ich ein anderes Lied" oder aus „Ideen und Informationen" zum Weltgebetstag 1996, S. 201 oder aus „Auch du bist Prophetin" von Lisianne Enderli. Das Titelbild stellt Maria dar im Moment der Verkündigung, Meditationen dazu S. 217 – 222.

Lied: Meine Seele erhebt sich zu Gott (Kriemhild Papenbrok, in: Himmel 104) (vgl. Lk 2,46–55)

Eine andere Möglichkeit wäre es, sich mit Jesu Zurückweisung seiner Mutter auseinanderzusetzen: „Wer den Willen Gottes tut, ist meine Mutter, meine Schwester, mein Bruder." (s. Mt 13,53–58; Mk 6,1–6; Mt 12,46–50; Mk 3,31–35)

Auf der schon erwähnten CD von Claudia Mitscha-Eibl ist ein Lied „Rabenmütter", Lied 8, das sich gut zur Einführung in dieses Thema eignet.

Miriam Therese Winter hat auch zu diesem Thema einen Psalm geschrieben (1991a, 36) „Ein Psalm der Verwandtschaft mit Gott"

Maria, die Mutter Jesu, wird hier gezeigt als Frau, die in einer anderen Frau Stütze und Halt findet. Ihr Magnifikat drückt nicht nur ihre eigene Hoffnung, sondern die Hoffnung vieler unterdrückter Frauen aus.
Elisabet tritt uns ausschließlich als Person in Beziehung gegenüber, hier als Freundin und künftige Mutter, an anderer Stelle als Ehefrau.

b. Die Schwiegermutter des Petrus

Bibelstellen: Lk 4,38–39; Mk 1,29–31; Mt 8,14–15

Alle Synoptiker erzählen diese Geschichte der Heilung einer Frau, deren Namen wir nicht kennen, am Anfang des Wirkens Jesu. Die im Gottesdienst gewählte Auslegung dieser Stelle stammt von Lone Fatum und enthält eine radikale Anfrage an heutige kirchliche Leitungsstrukturen. Sie führt diese Anfrage auf Jesus selbst zurück.

Miriam Therese Winter fragt:
„– Was ist das Kennzeichen dieser Geschichte?
– Die Erzählung von der Schwiegermutter des Petrus erwähnt die Frau von Petrus nicht. Teilt Eure Gedanken darüber!
– Symbolisiert die Heilung eine innere Heilung von Fieber, hitzigem Ärger über den Mann, der ihre Tochter verlassen hat wegen eines umherziehenden Vagabunden? …
– Welche Art Mann würde sein Heim so dramatisch verlassen, um dann zum Essen wieder nach Hause zu kommen?
– Wie war die Ehre einer jüdischen Frau definiert, die an ihren Mann gebunden war? Nach allem, was wir von Jesus und seinem Sinn für Gerechtigkeit und Gnade wissen, wie könnte er vielleicht diese herzbrechende Konsequenz erlaubt haben?“ (Winter 1991b, 45)

Anregungen für unser spirituelles Leben:

Gestaltete Mitte: Kopfkissen, Fieberthermometer, Tablett mit Essen bzw. Geschirr, Blumenstrauß

Vom rechten Zeitpunkt oder die Kunst des Dienens

Lied: Alles auf Erden hat seine Zeit (Himmel 5)

Eine Frau: Unser Gottesdienst heute geht von einer Stelle aus, die fast am Anfang des Markusevangeliums steht. Wir wollen sie auf unser Leben beziehen. Dabei fragen wir die Auslegung von Lone Fatum an. Was kann sie für unser Glaubensleben bedeuten?

„Sie verließen die Synagoge und gingen zusammen mit Jakobus und Johannes gleich in das Haus des Simon und Andreas. Die Schwiegermutter des Petrus lag mit Fieber im Bett. Sie sprachen mit Jesus über sie und er ging zu ihr, faßte sie an der Hand und richtete sie auf. Da wich das Fieber von ihr und sie sorgte für sie." (Mk 1,29–31)

Eine einfache Geschichte: Jesus kommt mit seinen neuberufenen – neugewonnenen Freunden in ein Haus, in dem die Hausmutter krank ist. Also heilt er sie. Dann können seine Freunde und er versorgt werden. Nichts Ungewöhnliches, sondern genau das, was wir als Frauen immer wieder erfahren:

- Wenn wir krank sind, geht nichts mehr, der Haushalt bleibt liegen. Wenn ich Mann und/oder Kinder habe, kommen sie oft nur schlecht über die Runden.
- Wie geht es mir damit?

Stille

- Wie fühle ich mich, wenn ich krank bin? Kann ich die Krankheit annehmen zu ihrer Zeit – oder bin ich ungeduldig und möchte schon längst wieder gesund sein? Wie deute ich mein Kranksein?
- Wo und wie finde ich Kraft, wenn ich krank oder schwach bin?
- Bei wem oder durch was habe ich schon Heilung erfahren?

Stille

Wir sprechen über unsere Gedanken und Erfahrungen. Je nach Größe und Belieben der Gruppe Gespräch in kleinen Gruppen oder in der Runde.

Evangelium:

„Sie verließen die Synagoge und gingen zusammen mit Jakobus und Johannes gleich in das Haus des Simon und Andreas. Die Schwiegermutter des Petrus lag mit Fieber im Bett. Sie sprachen mit Jesus über sie und er ging zu ihr, faßte sie an der Hand und richtete sie auf. Da wich das Fieber von ihr und sie sorgte für sie." (Mk 1,29–31)

Was bedeutet die Stelle jetzt für uns?

Je nach Größe und Belieben der Gruppe Gespräch in kleinen Gruppen oder in der Runde.

Eine Frau: Lone Fatum deutet unsere Stelle so: Markus zeigt Jesus als Christus, also als Messias, als den Gesalbten Gottes. In ihm erfüllt sich, was vom Gottesknecht in Jesaja gesagt wird. Eine Krankenheilung ist eine Möglichkeit, Jesu Macht und Autorität zu zeigen.
Gleichzeitig geht es um die Jünger, denn nur sie werden namentlich genannt. Zu ihnen wird gesprochen – mit ihnen setzt er sich auseinander. Mit seinem Handeln gibt er ihnen vor, wie sie zu handeln haben: wie die Frauen! Diese Stelle steht in engem Zusammenhang mit der Fußwaschung und hat die gleiche Aussage. Die namentlich ungenannte Schwiegermutter des Petrus handelt so, wie Frauen handeln. Deshalb ist diese Geschichte nicht den Frauen erzählt, sondern den Männern. Im Sozialgefüge der damaligen Zeit gibt es verschiedene Ehrbegriffe für Frauen und Männer – wie auch heute noch. Was Frauen zur Ehre gereicht – andere zu bedienen –, ist eine Schande für Männer; wir würden heute sagen: gereicht den Männern zur besonderen Ehre. Nach Lone Fatum ist es die denkbar stärkste Mahnung an die Radikalität der Forderung in der Nachfolge Christi für die Männer. Es entspricht eigentlich

einem sozialen Selbstmord in der damaligen Zeit, wenn Jesus den Männern empfiehlt, dem Beispiel der Frau zu folgen.

Wie geht es uns mit dieser Interpretation? Gespräch in der großen Runde für Nachfragen, dann in kleinen Gruppen. Jede Gruppe schreibt Fürbitten auf in Kopfkissenform geschnittene Blätter.

Fürbitten:
Jesus, uns berührt stark, wie Du in der Begegnung mit einer Frau gehandelt hast, deren Namen uns nicht überliefert wurde. Wir kennen sie nur über einen Mann definiert, ihren Schwiegersohn Simon. Wir bitten Dich:
– (persönliche, frei formulierte Fürbitten)
Du kennst unsere Namen und nennst uns beim Namen, Gott. Wir danken Dir dafür. Erhöre unser Gebet.

Lied: Wir strecken uns aus nach Dir (Himmel 51)

Mahlfeier mit Brot und Wein, dazu: den Text: Ein Lied zu Brot und Wein (Osterhuis 1990, 144f)

Zu Mk 14: „Nehmt, dies ist mein Leib. Dann nahm er den Becher“:
Kann auch angehört oder gesungen werden: Licht und Atem. Gesänge für die Liturgie, gesungen von der Schola der Kleine Kirche Osnabrück. (1992, Seite 13, Lied 5)

Segen:
Gott, wir können Dich mit vielen Namen nennen. Du kennst uns und berufst uns.
Segne unser Bemühen in Deinem Dienst. Laß es Frucht bringen, die für uns und andere spürbar wird.
Segne unsere Freundinnen und Freunde, die uns und denen wir das Leben reicher machen.
Segne alle Menschen, die Gedanken spinnen, um Dein Reich auf Erden immer mehr wachsen zu lassen.
Gehet hin in der Liebe und im Segen Gottes, mütterlich und väterlich, schwesterlich und brüderlich, begeistert und ermutigt alle Tage eures Lebens. Amen.

Von der Schwiegermutter des Petrus wird uns in einer kurzen Passage berichtet. Wir fragen uns, was diese Heilung für sie bedeutet haben könnte – und was sie für uns heute bedeutet.

c. Die namenlose Frau „und sie rührte sein Kleid an"

Bibelstellen: Mk 5,25–34; Lk 8,43–48; Mt 9,20–22

Wie Maria von Bethanien wird uns in Mk 5,24b–34 eine Frau vorgestellt, die heil und ganz wird, indem sie Jesus berührt. Es wird erzählt, daß Jesus nicht weiß, wer ihn berührt hat. Er spürt, daß er Kraft verloren hat. Es kommt zum Gespräch zwischen Jesus und der Frau, die namenlos bleibt. Sie verteidigt sich.
Jesus gesteht ihr die Berührung zu. „Meine Tochter, dein Glaube hat dir geholfen. Geh in Frieden! Du sollst von deinem Leiden geheilt sein." Und welches Leiden ist es, von dem sie geheilt wird? Blutungen, die sie seit zwölf Jahren ununterbrochen hat. Also wird Jesus durch ihre Berührung unrein, es ist ein Tabu-Thema, das hier berührt wird. Auch für uns ist es ein Tabu, über unsere Schwierigkeiten mit der Menstruation zu reden. Die Auswirkungen ihrer Krankheit waren für die Frau in dieser Geschichte: Ausschluß aus der Gesellschaft, denn sie war dauerhaft unrein. Sie konnte das Heiligtum nicht betreten und nicht an religiösen Festen teilnehmen. Sie lebte also seit zwölf Jahren isoliert, ohne die Möglichkeit, mit den anderen zu feiern. Stellen wir uns das einmal vor:

Übung:

Wir feiern ein Fest – Du mußt daheim bleiben.
Wir gehen in den Tempel – Du mußt draußen bleiben.
Wir feiern unsere Gemeinschaft – Du kannst nicht dabei sein:
Du bist unrein, Du bist es nicht wert bei uns zu sein.

Lassen Sie diese Worte auf sich einwirken und fühlen sie nach, was es bedeutet:
Zwölf Jahre ausgeschlossen zu sein aus der Gemeinschaft.

Gilbert Niggl schreibt:
„Glaube zielt auf die Berührung mit Gott. Vielleicht sehnen nicht nur wir Menschen uns danach. Vielleicht geht dieses Sehnen gar nicht allein und zuerst von uns aus. Im Werk der heiligen Mechthild von Magdeburg finden wir folgenden Satz: ‚Gott hat an allen Dingen genug, nur allein die Berührung der Seele wird ihm nicht genug.' In dieser Erkenntnis liegt viel Hoffnung für uns." (Niggl 1977, 107 f)
Die Frau in unserer Geschichte muß gewußt haben, was Mechthild von Magdeburg schreibt: Gott, verkörpert in Jesus, ist offen für unsere Berührung. Sie kam von hinten, d.h. sie war sich bewußt, daß sie ein Gebot übertrat. Niemand zu berühren, ist den Unreinen vorgeschrieben, da ihre Berührung andere unrein macht. Hier wird das Erleben umgedreht: Sie wird rein. Sie, die so gelitten hat, bleibt namenlos in dieser Geschichte. Wie es ihr ging, ging und geht es vielen Frauen in der Geschichte der Kirche, der Menschheit.

Übung:

Wir können ihr jedoch einen Namen geben – spielen Sie diese Geschichte miteinander durch:
Einmal benennen sie die Frau – und einmal lassen Sie sie namenlos. Was verändert sich? – Spüren sie Ihren Gefühlen nach und reden miteinander über Ihre Empfindungen.

Wir können erst zu uns selbst finden, wenn wir benannt werden und uns selbst benennen. Wenn unsere Leben uns keine Möglichkeiten bieten, unsere Vorstellungen zu verwirklichen, flüchten wir uns in eine Traumwelt. „Phantasien sind eine Methode, um die Nachteile der weiblichen Existenz zu ertragen. Junge Frauen versuchen oft, diese Nachteile vor sich selbst zu leugnen und zum Ausgleich die Liebe und Anerkennung von Mutter, Vater und allen folgenden wichtigen Bezugspersonen zu erlangen." (Libreria delle Donne 1991, 11)

Die Lösung des Identitätsproblems von Frauen sehen die Mailänderinnen in der „symbolische(n) Geburt des Selbst mit Hilfe einer ‚autonomen Mutter‘ ..., es handelt sich dabei aber nicht um die individualpsychologische Persönlichkeitsentwicklung, sondern um den Erwerb der gesellschaftlichen Identität. Aufgrund des Machtgefälles zwischen den Geschlechtern haben Männer die gesellschaftliche Realität prägen können und insofern Symbole für ihre Identität und Geschichtlichkeit gesetzt, während den Frauen, ohne Möglichkeiten sich selbst gesellschaftlich auszudrücken und zu interpretieren, die Ebene der Symbole verschlossen war.“ (Libreria delle Donne 1991, 11)
Daß Frauen die Symbolebene entdeckt haben, zeigen Bücher wie das von Rosemary Radford Ruether: „Unsere Wunden heilen, unsere Befreiung feiern“, wo sich viele Rituale für Frauen finden. Frauen nehmen sich die Freiheit, wichtige Ereignisse ihres Lebens miteinander in ihnen gemäßen Formen zu begehen.
Ich erlebte in einer Veranstaltung der Frauenseelsorge München, wie wir Frauen eine andere namenlose Frau „feierten“, die Frau, die Jesus gesalbt hat, die Sünderin, die in der Kirchengeschichte oft mit Maria von Magdala bzw. mit Maria von Bethanien identifiziert wurde. Wir salbten uns gegenseitig und spürten nach, was diese Berührung, dieser Duft, dieses Gefühl für uns bedeutete. Und: Wir spürten unseren Namen nach. Zu jedem Buchstaben unseres Vornamens schrieben wir eine unserer Eigenschaften. Wir hätten auch fragen können, ob die Wortbedeutung unseres Namens, bei mir „Frieden“, Lebens-Programm für uns sein kann.

Anregungen für unser spirituelles Leben:

Eröffnung:
Lied auf die Melodie: „Schweige und höre“: (Himmel 78)

Ich will dir danken, weil Du meinen Namen kennst, Gott meines Lebens. (Autorin mir unbekannt)

„Ich habe Dich bei Deinem Namen gerufen, mein bist Du“,

dieses Wort des Propheten Jesaja gibt uns immer neu Hoffnung – und doch erfahren wir in vielen Lesungen des Neuen Testamentes, daß uns die Namen der Frauen verloren gingen, daß sie den Überlieferern nicht wichtig waren.
Wir beginnen unseren Gottesdienst
im Namen des lebendigen Gottes,
der Gottheit, die uns anspricht bei unserem Namen,
der Gottheit, die unser Kommen in diese Welt gewollt hat,
der Gottheit, die uns trägt und hält.

Wir sitzen im Kreis:
Erste: Ich habe Dich bei Deinem Namen gerufen.
Zweite: Wer ruft?
Erste: Wen hörst Du? Lausche in Dich hinein!
Zweite: Ich höre viele Stimmen – Welche ist meine eigene?
Erste: Laß Dir Zeit. Lausche.

Stille

Namengeberin Gott, Du rufst uns. Unsere Eltern habe unsere Namen ausgesucht, wir sind mit ihnen die geworden, die wir heute sind.
Wir hören Deinen Ruf, wir sind ganz Ohr. Wir … die Frauen nennen ihre Namen.
Ein rotes Tuch wird in die Mitte gelegt.

Erste: Rot wie Blut. Unrein.
Zweite: Alle vier Wochen. Depressionen, Schmerzen, Umstände.
Erste: Rot wie Blut. Unrein.
Zweite: Zwölf Jahre. Depressionen. Schmerzen. Umstände.
Erste: Rot wie Blut. Unrein.
Dritte: Es berührt mich, daß diese Frau den Mut hat zur Berührung.

Die Frauen bilden Paare. Sie schließen die Augen. Jede berührt die andere ganz vorsichtig. Dann sehen sie einander in die Augen und wiederholen die Berührung.

Erste: Wie ein Wimpernschlag – eine feine Berührung.
Zweite: Eine Berührung mit großer Wirkung.

Dritte: Berührung bewirkt Heilung. Auch Deine Wunden können geheilt werden. Wage es, sie anzuschauen. Wage es, andere zu berühren. Wage es, Dich berühren zu lassen.

Die Frauen stellen sich im Kreis um das rote Tuch. Zuerst berühren sich nur ihre Fingerspitzen, dann geben sie ihrer übernächsten Nachbarin hinter dem Rücken der nächsten Nachbarin die Hand. Sie spüren nach, welche Gefühle in ihnen entstehen.

Erste: Ich segne Euch mit dem Mut der namenlosen Frau, die Jesus berührt hat. Geht und seid mutig wie sie. Hört auf Eure innere Stimme, sie wird Euch sagen, was Euch gut tut. Wagt es, einander zu berühren. Wagt es, die Menschen zu berühren, die Eure Berührung heilen kann – und wagt es, die Berührung zu suchen, die euch heilt. Geht mit dem Segen des Mutes der namenlosen Frau.

Lied: Lied von Wort und Weg. „Wie eine Mutter sorgt ..." (Osterhuis 1990, 54), Seite B 2. Lied auf der Kasette „Licht und Atem"

Eine namenlosen Frau wurde von zwölfjähriger Blutflüssigkeit geheilt, weil sie Jesus berührte. Namenlos zu bleiben – und sich nach Berührung zu sehen ist weibliche Erfahrung – unsere Erfahrung?

d. Die Frau, die den verlorenen Groschen sucht

„Oder wenn eine Frau zehn Drachmen hat und eine davon verliert, zündet sie dann nicht eine Lampe an, fegt das ganze Haus und sucht unermüdlich, bis sie das Geldstück findet? Und wenn sie es gefunden hat, ruft sie ihre Freundinnen und Nachbarinnen zusammen und sagt: Freut euch mit mir; ich habe die Drachme wiedergefunden, die ich verloren hatte. Ich sage euch: Ebenso herrscht auch bei den Engeln Gottes Freude über einen einzigen Sünder, der umkehrt." (Lk 15,8–10)
Luise Schottroff beschäftigt sich in „Lydias ungeduldige Schwestern. Feministische Sozialgeschichte des frühen Chri-

stentums“ mit biblischen Geschichten, die den Alltag von Frauen aufzeigen.
Sie bezeichnet das Gleichnis als Frauengleichnis. Lukas hat oft Frauenerfahrung Männererfahrung gegenübergestellt, hier ist das Männergleichnis das vom verlorenen Schaf. Die Frau muß arm gewesen sein, sonst hätte sie die verlorene Drachme leicht verschmerzt. Eine Drachme ist das, was ein männlicher Tagelöhner an einem Tag verdient, Frauen verdienten damals wie heute weniger als Männer. „Die Mischna (Keth. V 5–9) unterscheidet zwischen Arbeit, die eine Frau für ihren Mann tun muß (mahlen, backen, waschen, kochen, Kind säugen, bettenmachen, in Wolle arbeiten V 5), und Handarbeit der Frau (V 9 zweimal, VI i; VI 4 indirekt). Der Ertrag dieser Handarbeit der Frau gehört normalerweise dem Mann als Entgeld für ihren Unterhalt ...“ (Schottroff 1994, 141)
Diese Drachme ist soviel Geld, wie eine Frau damals für Lebensmittel für zwei Tage ausgeben mußte. (Ein 500 g Brot kostet 1/12 Denar.) Die eine Drachme hat wie der eine Denar in Mt 20,1–16 eine deutliche Aussagekraft: Es geht um das G*eld für das tägliche Brot.* (Schottroff 1994, 144) Das Gleichnis setzt voraus, daß die Frau Brot für das tägliche Leben kaufen muß.
Wenn die Frau sich mit ihren Freundinnen und Nachbarinnen über die wiedergefundene Münze freut, so wird hier eine frauenfreundliche Aussage gemacht: „Frauennachbarschaften spielen im Alltag der Frauen damals eine große Rolle: Frauen bereiten gemeinsam Teig, sie kochen gemeinsam, leihen sich Geräte aus und – wie dieser Text zeigt – sie teilen Freuden und Sorgen miteinander.“ (Schottroff 1994, 147) Die Interpretation dieses Gleichnisses hat oft die Frauen und ihre Lebenswirklickeit unsichtbar gemacht. Aber: „Lk 15,8–10 ist ein Gleichnis für Gottes Suchen nach verlorenen Menschen und der Freude der Engel Gottes, wenn ein verlorener Mensch von Gott gefunden worden ist. Der Überlebenskampf von Frauen, die für eine Drachme doppelt solange arbeiten müssen wie ein Mann, wird durchsichtig für den Überlebenskampf Gottes: Gott sucht Menschen, die umkehren.“ (Schottroff 1994, 151)

Für das Nachdenken über das alltägliche Leben von Frauen bietet dieses Gleichnis viele Ansatzpunkte: Es kann über den Umgang mit Geld geredet werden, aber auch über die Solidarität von Frauen untereinander, es kann über Altersversorgung und Männer- und Frauenrollen bei der Erwerbstätigkeit und im Haushalt gesprochen werden, vor allem aber kann darüber gesprochen werden, was für uns lebensnotwendig ist.

Anregungen für unser spirituelles Leben:

Lied: Einander brauchen (Okko Herlyn, in: Himmel 33)

„Als der Groschen fiel, wußte sie was sie verloren hatte. Sie machte sich auf die Suche, um alles wiederzufinden, was zu ihr gehörte – und sie fand: sich selbst." (Autorin unbekannt)

Die Frauen sitzen im Kreis. Jede erhält eine Kerze auf einem Leuchter, die sie vor sich hinstellt.

Erste: Mir fehlt das Lebensnotwendige.
Zweite: Ich habe mich selbst verloren.
Dritte: Ich wollte Brot – und sie haben mir Steine gegeben.

Es werden Steine an alle verteilt.

Eine Frau: Die Steine stehen für alles Tote, was ich eingetauscht habe für mein inneres Leben.

Stille

Alle Frauen, legen ihren Stein in die Mitte, wer will, äußert sich: Mein Stein steht für …

„Wenn sich eine selbst verliert, zündet sie dann nicht eine Lampe an und sucht unermüdlich, bis sie sich selbst wiederfindet?"

Die Kerzen werden angezündet.

Stille

„Freut euch mit mir, ich habe etwas wiedergefunden, was ich verloren hatte."

Alle Frauen stellen ihre Kerzen in die Mitte, wer will, äußert sich: Meine Kerze steht für …

„Wer von euch wird, wenn sein Kind um Brot bittet, diesem einen Stein geben?" (Mt 7,9)

Unser täglich Brot gib uns heute –
keine Torte und keinen Kuchen –
Ich backe das tägliche Brot nicht selbst –
höchstens backe ich ab und zu kleine Brötchen
Ich weiß nicht mehr wie das geht – Brot backen
Sauerteig – Hefe – läßt den Teig gehen –
durchwirkt die Masse
ich versaure oft selbst
Ich kann alles Brot kaufen –
rund, lang, eckig – weiß, grau, schwarz –
Kommiß-, Bauern-, Holzofen-, Vollkorn-, Weizen-, Schrot-
BROT
andere sind brotlos
Ich lebe brotlos, um meine Gesundheit, meine Linie zu halten
zum Hungern muß ich mich zwingen
ich hungre nach mehr –
Der Mensch lebt nicht vom Brot allein –
wonach hungre ich?
wovon lebe ich?
Jesus sagt: Ich bin das Brot des Lebens, wer zu mir kommt, wird nicht hungern
UNSER TÄGLICH BROT GIB UNS HEUTE …
Von den Freundinnen Jesu und den Freunden Jesu wird gesagt: Sie brachen das Brot hin und her in den Häusern
Brot brechen – ich teile mit jemand ich teile mit …

(Evangelisches Missionswerk 1985, 95 f)

Eine Schale mit Brot wird herumgereicht, wir teilen Brot …

„Wer von euch wird, wenn sein Kind um Brot bittet, diesem einen Stein geben?“ Mt 7,9

Tischgebet von Elsa Tamez:
„Kommt,
laßt uns miteinander Gottes Abendmahl feiern,
Laßt uns einen großen Laib Brot backen,
laßt uns Wein im Überfluß bereitstellen
ganz wie bei der Hochzeit zu Kana.

Laßt die Frauen nicht das Salz vergessen,
laßt die Männer die Hefe dazutun.
Laßt viele Gäste ein:
die Lahmen, die Blinden, die Gebrechlichen, die Armen.

Kommt schnell.
Laßt uns Gottes Rezept folgen:
Laßt uns alle miteinander den Teig kneten
mit unseren Händen.
Mit Freude werden wir dann sehen, wie das Brot aufgeht.

Denn heute feiern wir das Zusammenkommen mit Gott.
Heute bekennen wir uns erneut
zum Reich Gottes.
Niemand wird hungrig bleiben.

(Enzner-Probst 1976, 72)

Lied: „Ausgang und Eingang“ (Janssens, 90) mit dem Text:
Brot gib und Wein du,
Mutter der Erden.
Wandle sie du uns,
daß sie Stärkung werden.

Als *Schlußlied* wird der ursprüngliche Text gesungen, dazu werden folgende Gesten gemacht:

Ausgang und Eingang: Wir öffnen die Hände in großem Bogen zu beiden Seiten und schließen sie wieder über der Brust.

Anfang und Ende: Wir öffnen die Hände nach vorn und

schließen sie in Gebetshaltung über der Brust.

liegen bei Dir, Gott: Wir heben die Hände geöffnet nach oben.

füll du uns die Hände: Wir senken die Hände nach vorne und lassen sie wie eine Schale geöffnet.

In einer kurzen Stille spüren wir den Worten und Gesten nach und wiederholen Lied und Gesten einige Male.

„Als der Groschen fiel, wußte sie, was sie verloren hatte – und sie machte sich auf die Suche, um alles wiederzufinden, was sie verloren hatte – und sie fand: sich selbst."
Das Gleichnis von der Frau, die die verlorene Drachme sucht, ist eine Alltagsgeschichte aus der Zeit Jesu. Auch uns ging Lebensnotwendiges verloren, wir bekamen Steine statt Brot.

e. Prophetinnen im Neuen Testament

Lk 2,36–38: Hanna,
Apg 21, 8–14a: Die Töchter des Philippus
Apg 2,17–18
1Kor 11,5

„Damals lebte auch eine Prophetin namens Hanna, eine Tochter Penuels, aus dem Stamm Ascher. Sie war schon hochbetagt. Als junges Mädchen hatte sie geheiratet und sieben Jahre mit ihrem Mann gelebt; nun war sie eine Witwe von vierundachtzig Jahren. Sie hielt sich ständig im Tempel auf und diente Gott Tag und Nacht mit Fasten und Beten. In diesem Augenblick nun trat sie hinzu, pries Gott und sprach über das Kind zu allen, die auf die Erlösung Jerusalems warteten." Lk 2,36–38
„Wir gingen in das Haus des Philippus, der einer von den Sieben war, und blieben bei ihm. Er hatte vier Töchter, prophetisch begabte Jungfrauen." (Apg 21,8b f)
„Eure Söhne und eure Töchter werden Propheten sein … über meine Knechte und Mägde werde ich von meinem Geist aus-

gießen in jenen Tagen, und sie werden Propheten sein," so zitiert Petrus in seiner Pfingstpredigt (Joel 3,1; Apg 2,17–18 in Auswahl)

„Eine Frau aber entehrt ihr Haupt, wenn sie betet oder prophetisch redet und dabei ihr Haupt nicht verhüllt." (1Kor 11,5)

Die letzte Stelle ist gleichzeitig die älteste Stelle des Neuen Testamentes, in der von Prophetinnen berichtet wird. Paulus geht selbstverständlich davon aus, daß Frauen prophetisch reden. Welche Frauen zur Gemeinde von Korinth gehörten, beschreibt Luise Schottroff: „Frauen, die ihr Geld verdienen müssen, deren Lohn aber nicht zum unabhängigen Leben reicht. Es sind Sklavinnen und Freigelassene, deren Abhängigkeit oft auch sexuelle Verfügbarkeit einschließt. Es sind Straßenhändlerinnen, Prostituierte oder Textilarbeiterinnen ... einzelne Oberschichtsfrauen ... ." (Schottroff 1994, 218)

Über Hanna weiß die Exegese nicht viel mehr als der Bibeltext aussagt, es ist nicht klar, ob ihr Fasten und Beten zu ihren Aufgaben im Tempel gehörte (Hatte sie also eine öffentliche Funktion oder nicht?). Wie es im Bibeltext heißt, hat sie verkündet, daß mit der Geburt dieses Kindes das Reich Gottes angebrochen ist. Schottroff sieht sie in einer Linie mit Maria, deren Magnifikat das Evangelium für die Armen und Anbruch des Reiches Gottes verkündet. Für die Urkirche blieb Hanna von Bedeutung, denn in der Weiheformel der Diakonissen kommt sie vor: „O Gott ... Schöpfer von Mann und Frau, der du mit dem Geist erfüllt hast Mirjam, Debora, Hanna und Hulda ..." (Const. Apost. VIII. 20,1) (Albrecht 1991, 333)

Im zweiten und dritten Jahrhundert treten noch öfter Prophetinnen auf, im vierten Jahrhundert haben die Wüstenmütter ihre Funktion übernommen. Origines bezeichnet Elisabet, die Mutter des Johannes, als Prophetin. Im Streit mit den Montanisten, einer Glaubensgemeinschaft, in der die Frauen Marximilla und Priscilla als Prophetinnen auftraten, wurde das „echte" Prophetinnentum mit dem Verweis auf Prophetinnen der hebräischen Bibel gekennzeichnet: Debora und Mirjam. Als „falsche" Prophetin wird in Offb 2,20 Isebel

bezeichnet, weil sie zur Unzucht und zum Essen von Opferfleisch aufruft. (vgl. Albrecht 1991, 333 f)
Die Rolle der Prophetinnen wurde später heruntergespielt, z.B. schreibt Hippolyt über die Töchter des Philippus: „Sie haben sich aber nicht gegen die Männer erhoben, sondern die ihnen gesetzten Schranken gewahrt." Hier wird deutlich, daß es ihm um den Vorrang des Amtes vor dem Charisma geht. Für Luise Schottroff wird aus Texten der Urkirche wie der Didaskalia klar, „daß es eine lebendige Frauen-Laienkirche gibt, in der Frauen taufen, lehren und sich nicht von der Bischofskirche disziplinieren lassen. ... Die Frauen gehen in der Öffentlichkeit umher, sie verwalten Spenden selbst, sie gewinnen Menschen für Christus ... . Sie weigern sich, sich unter Männer unterzuordnen ..." (Schottroff 1994, 217) Die entscheidende Prophetie dieser Frauen ist nach Schottroff das Evangelium von der Befreiung aller Menschen – verkündet von v.a. armen Frauen – für Frauen, Männer und Kinder.

Anregungen für unser spirituelles Leben:

Lied: „Mutter Geist mit deiner guten Hand" (Sybille Fritsch, in: Himmel 56)

Es können alle Bibelstellen zu Prophetinnen im NT (s.o.) gelesen werden, dann wird darüber geredet, worin wohl ihr Prophetinnentum bestand.

Die Diakonissen der frühen Kirche wurden bei ihrer Weihe in eine Traditionsreihe gestellt:
„O Gott ... Schöpfer von Mann und Frau, der Du mit dem Geist erfüllt hast Mirjam, Debora, Hanna und Hulda ..."
In welcher Tradition stehen wir? Welche Frauen sind uns Vorbild für das Wirken des Geistes?

Stille, Gespräch darüber

Litanei geisterfüllter Frauen (ergänzen oder verändern nach eigenen Bedürfnissen): Aber wir verweigern uns ... (ein Kyrie)

Alle: Wir alle gehören Dir, und Du willst bei uns sein. Vergib uns, Gott.

Im Wechsel:
Du hast uns dazu berufen, wie Eva damals, an neuen Welten mitzubauen. Aber wir verweigern uns, wir ziehen uns zurück in das, was bequem und sicher ist.

Du hast uns dazu berufen, genau wie Sara, um Deinetwillen aufzubrechen, wegzugehen. Aber wir verweigern uns, beweihräuchern uns damit, wie weit wir es gebracht haben und verdrängen so, wie weit wir noch gehen müssen.

Du hast uns dazu berufen, genau wie Debora, unsere Welt richtig einzuschätzen und danach Entscheidungen zu fällen und Rat zu geben. Aber wir verweigern uns, suchen eigene Gedankenlosigkeit zu rechtfertigen und uns in unseren Positionen anzupassen.

Du hast uns dazu berufen, genau wie Hulda, Gerechtigkeit walten zu lassen und Barmherzigkeit, wo sie allein nur noch helfen kann. Aber wir verweigern uns, fühlen uns von Dingen, die uns angehen sollten, nicht betroffen, üben uns in Passivität und schützen Frömmigkeit vor.

Du hast uns berufen, genau wie Noomi und Rut einander zu lieben. Aber wir verweigern uns, konkurrieren statt dessen gegeneinander und halten uns schadlos auf Kosten derer, die am meisten so sind wie wir.

Du hast uns berufen, genau wie Maria, in unserem Herzen das zu bewegen, was Du gesagt hast,. Aber wir verweigern uns und werden statt dessen Perfektionistinnen.

Du hast uns berufen, genau wie Elisabet, denen Heimat zu geben, die uns nötig brauchen. Aber wir verweigern uns und ziehen uns in das Schneckenhaus unserer eigenen Bedürfnisse zurück.

Du willst uns heilen, wie die Schwiegermutter des Petrus, um den Männern ein Beispiel zu geben und sie zu Deinem Dienst zu rufen. Doch sie weigern sich, Deinem Ruf zu folgen – und wir verzweifeln statt unsere Berufung zu leben.

Du hast uns dazu berufen, genau wie Maria und Marta, Schwestern zu sein. Aber wir verweigern uns und sehen in der anderen Frau die Konkurrentin, statt zu bejahen, daß jede ihren Weg auf ihre Art gehen muß.

Du hast uns dazu berufen, genau wie die namenlose Frau, deren Blut zwölf Jahre floß, Berührung zu suchen. Aber wir verweigern uns voller Angst, unsere Schande könnte allen sichtbar werden.

Du hast uns dazu berufen, genau wie die Frau, die den verlorenen Groschen suchte, mit unseren Nachbarinnen und Freundinnen zu feiern. Aber wir verweigern uns, denn wir nehmen zu wenig ernst, was Frauen für unser Leben bedeuten.

Du hast uns dazu berufen, genau wie Hanna und die Prophetinnen der Urkirche, Kirche neu zu bauen. Aber wir verweigern uns, richten uns ein in dem System, in dem wir leben, und rechtfertigen verstandesmäßig die Dinge, wie sie sind.

Alle: Du, der Du voll Barmherzigkeit alles heil machen willst: Wir nutzen das nicht, was uns als Möglichkeit gegeben ist. Wir stellen uns der Berufung durch Dich nicht. Wir schlagen es aus, zusammen mit Dir eine neue Gesellschaft und eine neue Welt aufzubauen. Aber jetzt kehren wir um! Wir wollen versuchen, das, was bisher war, hinter uns zu lassen. Wir vertrauen in neue Partnerschaften, um durchzuhalten, auf neue Visionen von einem anderen Himmel und einer anderen Erde. (z.T. verändert und ergänzt, aus: Evangelisches Missionswerk 1985, 54 f)

Lied: „Mutter Geist mit deiner guten Hand" (Sybille Fritsch, in: Himmel 56)

Wenn ein Beispiel für eine mögliche Prophetin aus der Gegenwart gesucht wird, so eignet sich das Lied von Claudia Mitscha-Eibl: A stoake Frau. (Lust und Liebe, Lied 2) Darin wird eine Frau beschrieben, die immer stark sein muß, aber auch gerne einmal das schwache Mädchen wäre. Wie verhält sich dieser Text zu unserer Vorstellung von Berufung?

Prophetinnen des Neuen Testamentes verkünden die Botschaft vom Reich Gottes für die, die es am Nötigsten brauchen. Sie stehen in der Tradition, in die auch Diakonissen bei ihrer Weihe gestellt werden.

9. Vorbilder für Frauen aus der Kirchengeschichte

a. Perpetua, stark im Glauben, auch in der Verfolgung

Vibia Perpetua wird meist gemeinsam mit ihrer Sklavin Felicitas genannt. Sie lebte 180/1–202/3 n. Chr. Von ihr sind Tagebuchaufzeichnungen erhalten, etwas sehr seltenes für diese Zeit. Sie wurde in Nordafrika geboren, in Karthago oder Thurburbo. Nordafrika war damals römische Provinz. Ihre Familie gehörte zur Oberschicht, sie sprach fließend Latein und Griechisch und kannte sich in heidnischer und christlicher Literatur gut aus. Sie wurde verheiratet, es sind weder der Name des Ehemannes noch der Zeitpunkt der Eheschließung bekannt. Kurz vor 201 oder 202, als sie ihr erstes Kind bekam, hat sie sich dem Christentum angeschlossen, sie war Katechumenin, d.h. sie ließ sich im Christentum unterrichten, als sie starb. Sie wurde im Gefängnis zur Führerin der Katechumenengruppe, mit der sie am 7. März 202 oder 203 in Karthago unter Kaiser Septimus Severus in der Arena getötet wurde. Den stärksten Druck erhielt Perpetua, die noch zwei Brüder hatte, von ihrem Vater, dessen Lieblingskind sie war. Eine neue Arbeit, die Perpetua und Felicitas einschließt, stammt von Anne Jensen (Gottes selbstbewußte Töchter

1992). Perpetua und Felicitas haben ihren Gedenktag am 6. März; genannt werden im Lexikon der Ikonographie auch die zwei Schwestern des Augustinus gleichen Namens.
Aus Perpetuas Tagebuch:
Sie fragt ihren Vater, ob er eine Vase oder einen Krug sehen würde, der vor ihm liegt. Er bejaht dies. Perpetua will von ihm wissen, ob dieser Krug mit einem anderen Namen als Krug bezeichnet werden könne. Als er diese Frage verneint, bekennt sie ihren Glauben mit dem Satz: „So kann auch ich mich nicht anders nennen als ich bin, eine Christin.“ (Geschichte der Frauen. Antike, 531)
Ihr Vater versucht mit allen Mitteln, sie davon abzubringen, sich für ihren Glauben töten zu lassen. Als alle FreundInnen der Reihe nach befragt werden, soll Perpetua als letzte drankommen. Bevor sie reden kann, hält ihr Vater ihr das Kind entgegen und bittet sie um Gnade. Er möchte, daß sie des Kindes willen am Leben bleibt. Doch auch jetzt ist Perpetua ihr Christsein wichtiger als die Verpflichtung als Mutter. (nach: Achtnich 1991, 25 f)
In einem Traum erlebt Perpetua ihren Kampf in der Arena im voraus. Statt wilder Tiere tritt ihr ein sehr häßlicher Ägypter in der Arena entgegen. Ein riesiger Kampfrichter verkündet, daß dieser Ägypter sie töten wird, falls er siegt. Für ihren Sieg jedoch soll sie einen Zweig mit goldenen Äpfeln bekommen. Perpetua träumt sich nackt und in einen Mann verwandelt. So tritt sie mit dem Ägypter in den Kampf ein. Als er ihre Füße packen will, tritt sie ihm mit den Fersen ins Gesicht. Er fällt hin und sie tritt ihm auf den Kopf, während das Volk rast. Ihr Traum endet mit der Gratulation des Kampfrichters, der sie küßt, und sagt: „Tochter, der Friede sei mit dir!“ (nach Achtnich 1991, 26 f)
Für die Hinrichtung ist geplant, daß die Frauen als Geweihte der Ceres, die Männer als Priester des Saturn verkleidet werden. Perpetua sagt: „Wir sind freiwillig hierhergekommen, damit uns unsere Freiheit nicht genommen wird. Wir haben unser Leben preisgegeben.“ Ihren Argumenten wird nachgegeben und die Verurteilten werden – ohne Verkleidung – nach dem Kampf mit wilden Kühen mit dem Schwert getötet. (nach Achtnich 1991, 28)

Übung:

Perpetua und Felicitas werden immer in einem Atemzug genannt: Zwei Frauen aus verschiedenen Schichten, die gleiches erlebten, die Geburt eines Kindes, die Trennung vom Kind, den Tod. Sie stärkten sich gegenseitig. Welche Frauen stärken mich? Sie erleben Gott als starke Stütze – durch die Kraft der anderen. Sie erleben Gott als Freundin. Wie erlebe ich Gott?
Perpetua muß sich zwischen ihrem Christsein und ihren Rollen Mutter, Tochter, Frau der römischen Gesellschaft entscheiden. Wo sind meine Rollenkonflikte? Welche Rolle spielt mein christlicher Glaube für mich?
In der frühen Christenheit wurde von manchen Kirchenvätern gelehrt, daß eine Frau zuerst zum Mann werden müsse, um Christ zu werden, zumindest in „geistlichem Sinn". Dafür ist Perpetuas Traum ein Symbol. Wie geht es mir damit?

Anregungen für unser spirituelles Leben:

Lied: „Wir strecken uns nach dir" (Friedrich Karl Barth, Musik Peter Janssens, in: Himmel 51)

Felicitas und Perpetua haben sich für das Christentum entschieden und in der Zeit der Verfolgung gegenseitig gestützt, sie erlebten: (Texte oben vorlesen, weitere siehe Achtnich 1991).

Wem und wann bin ich Stütze?

Stille

Wer stützt mich?

Stille

Die Frauen meditieren ein Bild mit Händen oder einer Umarmung, wie das Bild in Kapitel 5: Frauen erleben Gewalt. Alternativ: Verschiedene Gottesbilder (-darstellungen) oder eines mit Berührung, z.B. „Geistin" aus Urschalling. (Ruether, 1988a, Titelbild) Danach wird gelesen:

„Aus Frauenhänden hat mir Gott in meinem Leben viel Gutes zuteil werden lassen ... Ich habe gelernt, diese Hände als Gottes Werkzeuge zu sehen, zu benennen und zu lieben. Deshalb bin ich in erster Linie Erfahrungs–Feministin ... überzeugt ... wurde ich letztlich dadurch, daß ich meine zahlreichen guten Erfahrungen mit Frauen endlich ernst nahm ... Gott ist schwesterlich zu mir gewesen in meinem Leben. (Wartenberg-Potter, Bärbel von, in: Schmidt-Biesalski 1989, 45.47)

Hände haben mich ...
Hände haben mir ...
Meine Hände können ...
Damit ich Hände als Gottes Hände erfahren kann, braucht es ...

Lied: „Du, Gott, Freundin der Menschen" (Dorle Schönhals-Schlaudt, in: Du Eva, komm sing Dein Lied, 9)

Perpetua kommt in einen Gewissenskonflikt, der für sie gleichzeitig ein Rollenkonflikt ist, denn die Entscheidung fürs Christentum bedeutet eine Entscheidung gegen ihre eigene und ihre Herkunftsfamilie, gegen ihr Kind.

b. Wüstenmütter Amma Theodora, Amma Sara und Amma Synkletike, selbstwußte Ratgeberinnen

Wüstenmütter (Amma) wurden Frauen genannt, die sich im 4. und 5. Jahrhundert (das Christentum ist inzwischen Staatsreligion) in die ägyptische Wüste zurückgezogen und Schülerinnen oder Schüler hatten. Keine Frau konnte sich selbst Amma nennen. Sie schwiegen als Einsiedlerinnen jahrelang und konnten aus dieser Erfahrung heraus als Amma gut zuhören. Sie erzählten den Menschen gerne Geschichten, wie die folgende von Amma Theodora:
„Ein Mönch hatte viele Versuchungen. Deshalb entschloß er sich davor wegzulaufen. Er zog seine Sandalen an – und sah einen anderen Menschen, der auch seine Sandalen anzog. Der

schaute ihn an und sagte: ‚Du gehst doch wohl nicht wegen mir weg? Siehe, ich gehe dir voran, wo du auch immer hingehst!'" (Achtnich 1991, 30)

Amma Sara lebte sechzig Jahre am Ufer eines Flusses, wahrscheinlich einem Nebenarm des Nils. Vielleicht ist sie schon mit zwölf oder dreizehn Jahren in die Wüste gezogen, denn dann galten Frauen nach römischem Recht als erwachsen.

Zu Amma Sara sagten zwei Mönche, daß sie sich nichts darauf einbilden sollte, weise, erfahren und klug zu sein. Sie sagte: „Der Natur nach bin ich eine Frau, aber nicht meinem Denken nach ... Ich bin eine Frau und bin trotzdem ganz anders, als ihr euch Frauen vorstellt. Ich bin nicht abhängig von eurer Meinung, ich brauche euch nicht. ... Wenn ihr begreifen wollt, mit wem ihr es zu tun habt, müßt ihr euer Frauenbild ganz schön ändern. Ihr haltet Frauen für dumm und Männer von vornherein für besser. Wenn ihr die Augen wirklich aufmachtet, würdet ihr sehen, daß es sich nicht so verhält. Ich durchschaue euch und bin eine von euren Meinungen unabhängige Frau. Das werde ich auch bleiben, auch wenn ihr noch so berühmte Mönche aus Pelusium seid!" (Achtnich 1991, 3 f)

Am meisten wissen wir von Amma Synkletike, die aus einer wohlhabenden Familie stammte und in der großen ägyptischen Hafenstadt Alexandria aufwuchs. Sie wehrte sich dagegen, verheiratet zu werden, weil sie schon als Mädchen beschlossen hatte, Einsiedlerin zu werden. Sie verschenkte nach dem Tod der Eltern ihr Erbe und zog in eine Höhle am Rand der Stadt. Ihre Entsagung drückte sie aus, indem sie ihre Haare abschnitt. Ihre Erfahrungen beschreibt sie:

„Diejenigen, die Gott suchen, haben am Anfang Kampf und viele Mühen. Später ist jedoch die Freude unaussprechlich. Wie nämlich diejenigen, die Feuer anzünden wollen, zuerst vom Rauch belästigt werden und weinen müssen, um auf diese Weise das Gewünschte zu erreichen, so müssen auch wir das göttliche Feuer in uns entfachen mit Tränen und Mühen." (Achtnich 1991, 32)

Übung:

Übertragen Sie die Geschichten, die von den Wüstenmüttern erzählt werden, auf ihr eigenes Leben. Was bedeuten diese Geschichten für Sie?
Was ist aktuell an den Gedanken der Wüstenmütter? Wo sind sie uns fern?
Wie sieht mein Davonlaufen aus?
Wie sehe ich mich selbst?
Welchen Sinn hat für mich Fasten – Askese?

Anregungen für unser spirituelles Leben:

Lied: „Alle meine Quellen“ (Sr. M. Leonore Heinzl OSF, in: Himmel 48)

Wir überlegen, wo wir verdurstet sind im Leben, wo unsere Quellen versiegt sind und wo wir dankbar wären für „Wüstenmütter“.
Symbol dafür könnte die „Rose von Jericho“ sein, ein Wüstengewächs, das aufblüht, wenn es mit Wasser in Berührung kommt. Wir könnten singen: „Rose von Jericho“ (Himmel 46)

Wenn wir unsere Bedürftigkeit ausgedrückt haben, so wählt die Leiterin des Gottesdienstes den Text der Wüstenmütter aus, der paßt, und führt den Gottesdienst entsprechend weiter:

Die Geschichte des Mönches und Amma Theodora kann so weitergeführt werden:
Wo wären wir gern davongelaufen in unserem Leben, aber wir haben es nicht getan? Was passierte uns damit?

Wir formulieren Fürbitten, die schließen können:
„Es ist zum Davonlaufen“
vieles in meinem Leben drängt mich davonzulaufen,
Gott, ich muß es mir genau ansehen:
Möchte ich davonlaufen, weil es mir hart ankommt? –

dann ist es vielleicht gut, daß ich bleibe. Denn ich will immer der Angst entlang gehen, damit ich stärker werde. Oder möchte ich davonlaufen, weil es wert ist, daß ich mich davon verabschiede? – Dann gib mir Kraft, es zu tun. Gib mir Zeit herauszufinden, woran ich mit mir bin – und Kraft, die rechte Wahl zu treffen.

Alle: Amen

Zur Geschichte von Amma Sara und den beiden Mönchen: Wir sprechen über Frauen- und Männerbilder damals und heute. Was tun sie mit uns – und wir mit ihnen? Können wir damit spielen?

Nach *Fürbitten* könnten wir beten:
„Gott schuf den Menschen nach seinem Ebenbild – als Frau und Mann schuf er sie.“ Wenn wir Dein Bild sind, o Gott, sind wir es als Frau und Mann. Wenn wir von Dir kein Bild machen sollen, um Dich nicht festzulegen – so dürfen auch wir nicht auf ein einziges Bild festgelegt werden.
Wir können nicht unabhängig sein von der Meinung anderer, denn wir sind auf „gute Meinungen“ angewiesen. Gib uns die Kraft, Menschen zu finden, die uns stärken, wo es gut für uns ist zu wachsen. Hilf uns, andere zu ermutigen und zu stärken, wenn sie neue Bilder des Frauseins und Mannseins leben wollen.
Gott, wir suchen Dich in vielen Bildern. Amma Synkletike vergleicht Dich mit dem Feuer. Unsere Tränen, unser Leid könnten nur Anfangsschwierigkeiten sein mit Dir. Dieses Bild macht mir Mut, denn wie Feuer brennt in mir die Sehnsucht, meine Probleme ernstgenommen zu sehen durch Deine Diener, Dienerinnen und Dich.

Alle: Amen

Eines der angegebenen Lieder wird wiederholt.

Amma Theodora zeigt, daß wir uns selbst nicht davonlaufen können. Sie erzählt eine Geschichte – unsere Lösung müssen wir selbst finden.

Amma Sara ist selbstbewußt, wenn ihre religiösen und denkerischen Fähigkeiten angegriffen werden – wegen ihres Geschlechts. Sie hält den Mönchen den Spiegel vor – sie müssen ihr Frauenbild ändern.
Amma Sara weiß, daß sie selbst auf dem richtigen Weg ist und anderen etwas geben kann.
Amma Synkletike nimmt ein Bild aus dem Alltag, um das Leben mit Gott zu beschreiben. Sie vertröstet nicht, sondern versucht, Verstehenshilfe zu geben und Hoffnung zu wecken.

c. Mechthild von Magdeburg, von Gott zur Schriftstellerin berufen

Mechthild von Magdeburg ist um 1210 geboren und 1285 im Kloster Helfta gestorben, wo sie seit 1273 lebte. In ihrem Buch „Das fließende Licht der Gottheit“ schreibt sie über sich selbst, daß sie ab 1222 erste Visionen hatte und ab 1230 als Begine in Magdeburg lebte. Ihr Buch ist das erste theologische Werk in deutscher Sprache – sie konnte kein Latein. Zu ihrem Werk gehören Gedichte, Briefe, theologische Abhandlungen, Lehrtexte, Prophezeiungen und Ratschläge.
Beginen sind gleichzeitig mit der Armutsbewegung und den Bettelorden entstanden. Ab dem 13. Jahrhundert gab es viele Beginen-Niederlassungen, meistens lebten die Frauen in religiösen Frauenwohngemeinschaften, sogenannten „Beginenhöfen“, zusammen. Sie verdienten sich ihr Geld mit Handwerk oder religiösen „Diensten“, wie Kirchgang bei Jahrtagen. Entscheidend für die Frauen damals war, daß Beginen Frauen aller sozialen Schichten werden konnten, während die Klöster oft nur reiche Frauen aufnahmen. Für ärmere Frauen eröffneten sich Bildungschancen, sie konnten selbst die Bibel lesen lernen. Die Kirche bekämpfte das Beginenwesen, zuerst nur die umherziehenden, später alle Beginen – und verbot diese Zusammenschlüsse, so daß sich schließlich viele Beginen zuerst den Bettelorden als Dritte Ordensfrauen anschlossen, aber später meist Nonnen wurden. Beginen in kleineren Gemeinschaften gab es häufig noch bis zur Reformationszeit.

Mechthilds Texte zeigen einerseits ihre große Gottesliebe – anderseits die Konflikte, die sie mit Priestern damals hatte: „Oh, wenn die studierten Theologen doch endlich begreifen würden, daß sie Gott keine Vorschriften machen können. Wenn Gott auch durch den Mund einer Frau zu ihnen und zu den Menschen sprechen will, dann ist das doch nur ein Zeichen der Größe Gottes, die sich den Kleinsten und Ungebildetsten zuwendet."
„Gott hat mir auch den Auftrag gegeben, alles aufzuschreiben in einem Buch … . Und ich will Gott mehr gehorchen als meiner Ängstlichkeit. Aber auch mein Beichtvater hat mich bestärkt. Und nun muß ich mich eben manchmal mit denjenigen herumstreiten, die in ihrem Hochmut nicht sehen wollen, daß ich ein Werkzeug Gottes bin."

„Das Gebet hat große Macht,
das ein Mensch verrichtet mit all seiner Kraft.
Es macht ein bitteres Herz süß,
ein trauriges Herz froh,
ein armes Herz reich,
ein törichtes Herz weise …
Es zieht den großen Gott in ein kleines Herz,
es treibt die hungrige Seele hinauf zu dem vollen Gott.
Es vereint die zwei Lieben, Gott und die Seele,
an einem wonnevollen Ort.
Da reden sie viel von Liebe." (Achtnich 1991, 79 f)

Übung:

Mechthild von Magdeburg sieht sich selbst als Werkzeug Gottes.
Wo könnte ich „Werkzeug Gottes" sein – welche Fähigkeiten habe ich?
Mechthild beschreibt, was das Gebet mit ihr tut.
Wie geht es mir mit meinem Gebetsleben?
Schreiben Sie einen Text, in dem Sie Ihre Beziehung zu Gott beschreiben.

Anregungen für unser spirituelles Leben:

Ich fand vieles vom „Geist der Beginen“ in einem Gedicht ausgedrückt, das von Augustinus stammt:

„Miteinander reden und lachen,
sich gegenseitig Gefälligkeiten erweisen,
zusammen schöne Bücher lesen,
sich necken, dabei aber auch einander
Achtung erweisen,
mitunter sich auch streiten, ohne Haß,
so wie man es wohl einmal mit sich selbst tut,
manchmal auch in den Meinungen auseinandergehen
und damit die Eintracht würzen,
einander belehren und voneinander lernen,
die Abwesenden schmerzlich vermissen,
die Ankommenden freudig begrüßen,
lauter Zeichen der Liebe und Gegenliebe,
die aus dem Herzen kommen,
sich äußern in Miene, Wort und
tausend freundlichen Gesten
und wie Zündstoff den Geist
in Gemeinsamkeit entflammen,
so daß aus den vielen
eine Einheit wird.“

(Augustinus Bekenntnisse 4. Buch, 8. Kapitel)

Ich möchte Euch bitten, Euch mit Eurer rechten Nachbarin über diesen Text zu unterhalten: Was sagt er Euch über Euer eigenes Gemeinschaftsverständnis bzw. Eure Sehnsucht danach – was drückt er von dem aus, was wir über die Beginen wissen?

Gespräch darüber, anschließend:
Wir wollen unsere Gedanken ausdrücken, indem wir mit folgenden Satzanfängen beginnen:
Hätte ich zur Zeit der Beginen gelebt, hätte es mir gefallen, …
Ich lebe heute, wie die Beginen damals kann ich …

Lied und Tanz: „Erleuchte und bewege uns" (Himmel 24) (Tanzanleitung in: Ideen und Informationen 1996)

Bild aus St. Peter am Perlach, Augsburg: „Beginen" an alle austeilen. Jede hat Zeit, es sich anzuschauen, und kann ihre Gedanken dazu äußern.

Als Lesung: „Redet Gott wirklich mit euch" bis „Da reden sie viel von Liebe" (in: Achtnich 1991, 79–80)

Anschließend Impuls:
Mir erscheint das Leben der Beginen wie ein Ernstnehmen des Verkündigungsauftrags von Maria aus Magdala. Diese Berufung an Maria gilt uns allen. Lassen wir in uns diese Berufung durch Jesus an uns ergehen, setzen wir in Gedanken unsere Namen ein! Wie geht es uns damit?
Mechthild wird in den Mund gelegt in dieser Geschichte: „aber es wird in der Kirche kaum vorgelesen. In der Kirche kommt leider so vieles nicht vor, was wichtig wäre."
Empfinden wir das immer noch so?

Gemeinsames Gespräch

daraus erwachsende *Fürbitten*

Wir wiederholen *Lied und Tanz:* „Erleuchte und bewege uns"

Abschlußritual:
Wir wollen uns die Kraft vergegenwärtigen, aus der heraus die Beginen lebten und aus der heraus auch wir leben.

Stille

Wir sind im Alltag oft nicht in eine solche Gemeinschaft eingebettet, deshalb wollen wir uns jetzt für diesen Alltag stärken:
Bitte stellt Euch im großen Kreis auf und massiert Euch gegenseitig den Rücken. Rücken massieren heißt, sich gegenseitig den Rücken zu stärken, sich gegenseitig Kraft zu geben.
Reicht die Hände hinter dem Rücken der Nachbarin der

übernächsten Nachbarin. Dabei entsteht ein sehr rückenstärkendes Gemeinschaftsgefühl, das durch die Aufforderung, dies auch vom Körper her zu empfinden, bekräftigt wird.
Die Handflächen werden etwa auf Schulterhöhe mit den Handflächen der Nachbarin aneinander gelegt. Dabei wird der Segen für Frauen gesprochen.
Wir wollen jetzt einen Segen sprechen. Bitte sprechen Sie mir jede Zeile nach:

„Gottes Segen komme zu uns Frauen,
daß wir stark sind in unserer schöpferischen Kraft,
daß wir mutig sind in unserem Recht.

Gottes Segen komme zu uns Frauen,
daß wir Nein sagen, wo es nötig ist,
daß wir Ja sagen, wo es gut ist.

Gottes Segen komme zu uns Frauen,
daß wir schreien, wo Unrecht ist,
daß wir schweigen, wo Entsetzen ist.

Gottes Segen komme zu uns Frauen,
daß wir Weisheit suchen und finden,
daß wir Klugheit zeigen und geben.

Gottes Segen komme zu uns Frauen,
daß wir die Wirklichkeit verändern,
daß wir das Lebendige fördern.

Daß wir Gottes Reich errichten auf Erden!

Amen“

(Strack 1993, 49)

Mechthild von Magdeburg schrieb ihre Visionen auf. Sie wagte es, sich selbst als Werkzeug Gottes zu sehen und verteidigte sich mit ihrer Berufung durch Gott selbst.

d. Teresa von Avila – „nur weil sie Frauen waren"

Teresa de Capeda y Ahumade, eine spanische Adlige, wurde am 28. März 1515 in Avila geboren. Sie hatte elf Geschwister. Ihre Mutter wurde mit fünfzehn Jahren verheiratet, bekam kurz darauf ihr erstes Kind und starb mit 27 Jahren, von vielen Geburten erschöpft. Durch diesen Tod mitbeeinflußt, trat Teresa 1535 ins Kloster ein, sie wurde 1539 schwer krank und fing nach achtzehn Jahren Klosterleben an, nach außen aktiv zu werden und den Karmeliterorden zu reformieren. Sie führt als wichtigste Reform zwei Stunden Meditation am Tag ein. Ein mutiger Schritt in einer Zeit, in der an der Universität in Salamanca gelehrt wird, daß Frauen zu Meditation nicht fähig sind. Die siebzehn Klöster, die sie gründete, wurden zu Zentren der Meditation. Sie starb am 4. Oktober 1582 im Kloster Alba de Tormes. Vierzig Jahre später wurde sie heiliggesprochen und 1970 von Papst Paul VI. zur Kirchenlehrerin erklärt.

Sie schreibt, daß sie sehr empfänglich war für die Zuneigung von Männern. Wenn sie spürte, daß sie einem Mann gefiel, dachte sie ständig an diesen. Pedro, mit dem sie eine Beziehung begann, hinterließ bei ihr mehr Verachtung als Sehnsucht nach einem gemeinsamen Leben. Sie wollte nicht heiraten, da sie sich nicht vorstellen konnte, ihren Verstand einem Menschen unterzuordnen, dem es daran fehlte. Keinen Mann zu haben, empfand sie als Gnade Gottes, denn sie erlebte, daß Frauen körperlich früh verfielen – und manchmal auch ihre Seele zerstört wurde.

In ihrer Auseinandersetzung mit herrschenden Männern ihrer Zeit war sie sehr mutig. Sie schreibt an Ordensmänner, aber auch an den damaligen spanischen König Philipp II., den sie an König Saul erinnert – der auch gesalbt war – und verworfen wurde.

Teresas Bodenständigkeit wird deutlich, wenn sie Pater Gratian schreibt, daß sie darüber lachen mußte, daß er schon wieder leiden wollte. Ihr Rat ist, damit aufzuhören, weil auch seine Umgebung unter ihm leiden muß – und sich lieber einige Tage auszuruhen.

Ihre Gespräche mit Gott gehen in die gleiche Richtung. Gott

Vater zeigt ihr Jesus am Kreuz und sagt ihr, daß er so seine Freunde behandelt. Ihre Antwort ist, daß er wohl deshalb so wenige Freunde hat.
Eines der berühmtesten Zitate von Teresa von Avila ist:
„Herr meine Seele! Als Du noch in dieser Welt wandeltest, hast Du den Frauen immer Deine besondere Zuneigung bewiesen. Fandest Du doch in ihnen nicht weniger Liebe und Glauben als bei den Männern. Auch befand sich ja unter ihnen Deine heilige Mutter, deren Verdienste uns zukommen und deren Habit wir tragen. Die Welt irrt, wenn sie von uns verlangt, daß wir nicht öffentlich für dich wirken dürfen, noch Wahrheiten aussprechen, um deretwillen wir im geheimen weinen, und daß Du, Herr, unsere gerechten Bitten nicht erhören würdest. Ich glaube das nicht, Herr, denn ich kenne Deine Güte und Gerechtigkeit, der Du kein Richter bist wie die Richter dieser Welt, die Kinder Adams, kurz, nichts als Männer, die meinen, jede gute Fähigkeit bei einer Frau verdächtigen zu müssen. Aber es wird der Tag kommen, mein König, wo dies alles bekannt wird. Ich spreche hier nicht für mich selbst, denn die Welt kennt meine Schlechtigkeit, und das ist mir lieb. Aber ich werfe unserer Zeit vor, daß sie starke und zu allem Guten begabte Geister zurückstößt, nur weil es sich um Frauen handelt.“ (Teresa von Avila 1982, 34))

Übung:

Frauen zur damaligen Zeit hatten nur zwei Lebensentwürfe zur Auswahl: Ehefrau oder Nonne zu werden.
Welche Lebensentwürfe boten sich mir?
Wo habe ich gewählt?
Wo bin ich beeinflußt worden?
Teresa ist sehr selbständig in ihren Aussagen. Wie geht es mir damit?
Wo macht sie mir Mut?
Welche Anstöße hat sie für Frauen und Männer in der Kirche gegeben?

Anregungen für unser geistliches Leben:

Lied: „Sanftmut den Männern“ (Himmel 31)

Ich bin berufen

Stille, Zeit, sich der eigenen Berufung, des eigenen Charismas bewußt zu werden

Ich bin berufen, denn ich kann singen, zu meiner Freude, zur Freude anderer und Gottes,
ich bin berufen, denn ich kann tanzen, zu meiner Freude, zur Freude anderer und Gottes,
ich bin berufen, denn ich kann formulieren, was mich bedrückt, was uns bedrückt – und es vor Gott bringen,
ich bin berufen, denn ich kann segnen, die mir nahe sind, ich kann sie Gottes Hand übergeben,
ich bin berufen, denn ich kann klagen, meine Sorgen, die Sorgen anderer – vor Gott,
ich bin berufen, denn ich kann loben …

Gespräch über „Berufungen“, lesen der Texte von Teresa von Avila: Was haben sie mit dem Finden meiner Berufung zu tun?

„Nur weil es sich bei uns um Frauen handelt“ (wird nach jedem Satz wiederholt)
– können wir vor Gott nur in untergeordneten Rollen dienen.
– sind wir nicht würdig Sakramente zu spenden.
– lassen wir uns unser religiöses Leben aus der Hand nehmen.
– erleiden wir Gewalt.

Nein,

„weil es sich bei uns um Frauen handelt“ (erneute Wiederholung)

– sind wir Ebenbild Gottes.
– sind wir bevollmächtigt unser religiöses Leben und die Leben derer, die uns wichtig sind, zu gestalten.

- sind wir bereit, unsere Schuld zu bekennen, wo wir sie sehen.
- begleiten wir, die unsere Begleitung brauchen.
- sind wir befähigt, religiöse Führerinnen zu sein.
- sind wir bereit, unsere Kraft in Deinen Dienst zu stellen, Gott.

Lied: „Du Gott, Freundin der Menschen“ (Dorle Schönhals-Schlaudt, in: Du Eva, komm sing dein Lied, 9)

Teresa von Avila hat in ihrer Frömmigkeit, in der Kontemplation, Kraft für ihr Engagement gefunden. Sie hat sich die Verantwortung für ihr religiöses Leben von niemandem abnehmen lassen und andere aufgefordert, diese Verantwortung für ihr Leben zu ergreifen.

f. Bettina von Arnim und Karoline von Günderode

Ein evangelisches Stiftsfräulein, gleichzeitig Dichterin, und eine Dichterin, Mutter, Ehefrau des Liedersammlers und Dichters Achim von Arnim – als Frauen der „Kirchengeschichte“. Ich denke schon, denn die Religion, die Bettina in der „Günderode“, ihrer Biographie über die Freundin entwikkelt, ist ein Entwurf von Religion, der uns immer noch viel zu sagen hat.

Anregungen für unser spirituelles Leben:

Feier unserer Freundinnenschaft

Bettina von Arnim ist oft aus der Rolle gefallen: Ob sie unter dem Tisch saß oder auf dem Baum, ob sie in Berlin lebte mit ihren Kindern und ihr Mann allein auf dem Gut Wiepersdorf war. Caroline von Günderrode waren viel engere Grenzen gesetzt, unter denen sie litt:
„... warum ward ich kein Mann! Ich habe keinen Sinn für weibliche Tugenden, für Weiberglückseligkeit. Nur das Wil-

de, Große, Glänzende gefällt mir. Es ist ein unseliges, aber unverbesserliches Mißverhältnis in meiner Seele; und es wird und muß so bleiben, denn ich bin ein Weib und habe Begierden wie ein Mann, ohne Männerkraft. Darum bin ich so wechselnd und so uneins mit mir." 29. August 1801 (Wolf 1979, 5)

Welche Frau kennt sie nicht, die Momente im Leben, wo wir Männer beneiden um ihr besseres Leben. Wir beneiden sie, weil sie

– es leichter haben in der Schule, mehr Aufmerksamkeit von Lehrerinnen und Lehrern bekommen.
– freier sind in der Wahl ihres Berufes, ihr Leben zielgerichteter leben können.
Jede Frau, formuliert ihre „Neidpunkte".

Unser Neid kann uns blind machen für Möglichkeiten, die wir selbst oder miteinander schaffen können. Wir müssen lernen, mit eigenen Augen zu sehen. Dieses sichtbar zu machen, kann so geschehen:
Frauen stehen auf. Sie tragen Augenbinden. Die Binden sind beschriftet:
Erste Frau: Augenbinde: Sexismus. Sie sagt: Wir sind benachteiligt, nur weil wir Frauen sind.
Zweite Frau: Augenbinde: Vereinzelung. Sie sagt: Wir denken, wir allein machen diese Erfahrungen, und jede kämpft nur für sich.
Dritte Frau: Augenbinde: Geschichtslosigkeit. Sie sagt: Unsere Geschichte ist nicht unsere Geschichte. Sie ist die Geschichte von Männern. Frauen kommen nicht vor.
Vierte Frau: Augenbinde: Stigmatisierung. Sie sagt: Frauen, die sich wehren, werden abgeschoben. Sie wurden und werden in die Psychatrie gesteckt. Ihre Ideen und Werke werden verschwiegen – sie werden tot-geschwiegen.
Fünfte Frau: Augenbinde: Dämonisierung. Sie sagt: Wenn wir nicht so sind, wie sie uns haben wollen, stempeln sie uns ab:

Verschiedene Frauen sprechen monoton oder anklagend:

– Emanze
– Feministin
– Männerfeindin
– Hure
– Weibsstück
– Hexe ...

Alle:
Wir klagen an die ungerechten Strukturen in der Kirche und in der Gesellschaft, die Frauen klein halten und unsichtbar machen.
Wir klagen ein unsere Macht als Frauen und Ebenbild Gottes.
Wir wollen uns gegenseitig ermächtigen, unsere Augen öffnen und auf unsere innere Stimme und aufeinander hören.

Lied: „Öffne meine Ohren" (Himmel 95, 1.–7. Strophe)

Die Frauen legen die Augenbinden ab.
Eine Frau: Wenn wir uns verbinden, so wächst unsere Kraft.
Die Augenbinden werden verknüpft und in die Mitte gelegt.

Wir hören von der Freundinnenschaft zwischen Caroline und Bettina:

Bettina spricht zu Caroline:
„Ich kann vor niemand sprechen wie vor Dir, ich fühl auch die Lust und das Feuer nicht dazu als nur bei Dir, und was ich Dir auch sag oder wie es herauskommt, so spür ich, daß etwas sich in mir regt als ob meine Seele wachse." (Bettina Brentano, Günderode 377)

Caroline spricht zu Bettina:
„Kann mich etwas Lebendes berühren ohne daß ichs wieder berühre?" (Bettina Brentano, Günderode 674)

Bettina spricht zu Karoline:
„Du bist eben gar nicht wie ein Mensch, der mich fassen und halten will." (Bettina Brentano, Günderode 425)

Bettina ermutigt uns:

„Gott hat einem jeden eigene Augen zum Sehen und einen eigenen Sinn zum Erkennen der Wahrheit gegeben, und kein Mensch kann durch fremden Wahrheitssinn die Wahrheit erkennen.“ (Pfülf 1903 II, 565)
„Und bedürfen oder suchen wir vielleicht nur deshalb Rat, weil wir furchtsam sind? Kommts uns zu fabelhaft vor, daß der Geist, *inmitten Unserer* aufsteigen könnte, der uns die Weisheit des Himmels kund tue.“ (Bettina Brentano, Günderode 615)

Wir sprechen in kleinen Gruppen über die Texte und schreiben auf Blätter, die Symbole für unsere fünf Sinne, gemeinsam mit dem Herz und einem Symbol für das Gemüt darstellen, was uns in ihnen gestärkt hat.

Eine Frau:
Bettina Brentano Arnim ist überzeugt „daß ... Gottes Finger die Zunge löse, das Gehör entbinde, alle Sinne wekke, daß (jede von uns, I.L.) empfange und ausgebe!“ (Bettina Brentano, Goethes Briefwechsel 406):

„Öffne meine Ohren“ 1.–7. Strophe und lesen die jeweiligen Texte vor. (Himmel 95)

Alternative: „Öffne unsere Herzen“ von Renate Schiller (Himmel 96)

Segen:
Wir wollen uns segnen mit Worten Bettina von Arnims: „Was Frau, Mann oder Kind erblicken mit ihren Augen außer sich, das ist Gottes Blick in ihnen, was sie aber hören mit ihren Ohren außer sich, das ist Gottes Stimme in ihnen, was sie aber fühlen mit ihrem ganzen Leib und Geist außer sich, das ist Gottes Berührung, der Funke der Begeisterung in ihnen.“ (Bettina Brentano, Günderode 321 f)
Gottes Geist, die lebendige Ruach fülle uns, damit wir unsere Sinne öffnen für Gottes Berührung. Ihre Nähe stärke uns alle Tage unseres Lebens.

Alle sprechen: Amen.

Zwei Freundinnen: Caroline von Günderrode, Dichterin, und Bettina von Arnim, Ehefrau Achim von Arnims, Tochter Maximiliane Brentanos, Enkelin Sophie La Roches, Schwester Clemens von Brentanos, Mutter vieler Kinder, die erst nach der Kinderphase zur Dichterin wurde, wollten als junge Frauen ausbrechen. Sie schufen eine Religion, die sie die „Schwebereligion“ nannten – eine Theologie der Freundinnenschaft Gottes.

g. Simone Weil, Pazifistin und Mystikerin

Simone Weil, die Tochter jüdischer Eltern, wurde am 3.2.1909 in Paris geboren. Ihre Eltern erzogen die Kinder mit vielen Märchen, aber nicht im jüdischen Glauben. Simone verstand sich sehr gut mit ihrem Bruder. Sie studierte bei dem berühmten französischen Philosophen Alain und setzte sich schon früh für den Frieden ein. Nach dem Studium unterrichtete sie an einer Mädchenschule, gleichzeitig arbeitete sie in der ArbeiterInnenbildung. Dabei war ihr wichtigstes Anliegen, selbständiges Denken zu lehren. Zeitweise arbeitete sie in der Fabrik. Simone Weil kämpfte im spanischen Bürgerkrieg. Diese „Exkursion“ – sie glaubte kurz an einen gerechten Krieg – bestärkte noch ihren Pazifismus. Auch Hitler gegenüber sah sie sich gezwungen, eine nicht-pazifistische Haltung einzunehmen. Sie begegnete dem Christentum in einer Osternacht im Kloster, konnte sich aber nie dazu überwinden, in die Kirche einzutreten. Deren Reichtum machte sie ihr unglaubwürdig. Alles andere als unglaubwürdig ist Simone Weil sowohl was ihr Leben, als auch was ihre Schriften betrifft – philosophische und theologische Abhandlungen, wie „Schwerkraft und Gnade“, „Vorchristliche Schau“, „Das Unglück und die Gottesliebe“, aber auch ein „Fabriktagebuch“. Sie starb am 24. 8. 1943 entkräftet in England. Denn sie hatte sich geweigert, sich mit ihren Eltern in Amerika in Sicherheit zu bringen.
Was Simone Weil über die Gemeinschaften schreibt, gilt ihr auch für jede Frau, jeden Mann. Sie erkennt ihre Einmaligkeit und Unersetzbarkeit, ihr Weiterwirken in der Zukunft.

Gute Gemeinschaften nähren die Seele der gegenwärtig Lebenden, aber auch der Menschen, die nach uns kommen. Gemeinschaften haben Wurzeln in der Vergangenheit. Durch sie sprechen Tote zu Lebenden. Ihr ist die Gemeinschaft aller Menschen wichtig, nie die einzelne Nation. Für sie gibt es keinen gerechten Krieg. Nicht die Ursache der Kriege, sondern ihre Ergebnisse sind entscheidend.
Simone Weil kritisiert die lebensfeindliche Richtung unserer Geschichtsschreibung, die die Moral aus dem Spiel läßt. In den Kindern soll das Gefühl geweckt werden, daß, was mit dem Vaterland zusammenhängt, wichtiger als alles andere sei. Dadurch kommt es zu einer Umwertung von Werten: Rücksicht nehmen, Unrecht eingestehen, bescheiden sein und sich beschränken, werden plötzlich zu Verbrechen.
Sie will, daß Kriege nicht nach ihren Zielen bewertet werden, sondern nach den Mitteln, die sie anwenden, um Ziele zu erreichen. So ändert sich ihr Feindbild radikal, denn als Feinde sieht sie die Menschen an, die sich als Verteidiger ausgeben, aber letztendlich die anderen versklaven.
Sie erkennt, daß Männlichkeitsideologie korrumpiert, Männer töten, wenn sie wissen, daß sie ohne Angst vor Strafe oder Vorwürfen töten können – oder ermutigen andere dazu. Als der Zweite Weltkrieg ausgebrochen war, macht sie verschiedene Vorschläge, ihn zu beenden. Sie ruft dazu auf, weder Fronten zu bilden, noch Städte zu belagern, sie will die Feinde zermürben, indem sie ihnen die Mittel zur Kommunikation nimmt. Erfolgreicher Widerstand kann ihrer Meinung nach auch in kleinen Aktionen geleistet werden.

Übung:

Was Simone Weil hier für kriegsführende Parteien vorschlägt, könnte auch eine Strategie für unser tägliches Leben, für unseren Umgang mit Schwierigkeiten sein. Schreiben Sie, was diese Worte für ihr Leben bedeuten können, und sprechen Sie miteinander über Ihre Texte.

Sie schlägt vor, ein Frauencorps von Krankenschwestern an die Front zu schicken, denn: „Das bloße Fortbestehen einiger weniger humaner Dienste direkt im Zentrum des Kampfes, dem Höhepunkt der Unmenschlichkeit, wäre ein Signal der Herausforderung gegen die Unmenschlichkeit ... um so spektakulärer, als die Aufgaben mit mütterlicher Fürsorge von Frauen ausgeführt würden." (Oldfield 1992, 98) Da dieses Corps aus unbewaffneten Frauen besteht, glaubt sie, daß die feindlichen Soldaten aufgerüttelt würden – und die Alternativen der Menschheit für die Zukunft klar erkennbar wären. Doch sie ist trotz allem Realistin und vergleicht sich mit Antigone: „In Kreons Augen gab es in Antigones Verhalten absolut nichts, was natürlich gewesen wäre. Er hielt sie für verrückt." (Oldfield 1992, 98) Ihm fehlt, was Jesus von uns fordert, er kann: „diejenigen, die der Zufall durch einen Abgrund von ihm getrennt hat, nicht als Geschöpfe seinesgleichen ansehen und sie nicht lieben, wie er sich selbst liebt". (Oldfield 1992, 96)

Übung:

In Simone Weils Denken werden Rollenbilder von Frauen und Männern sichtbar. Beschreiben Sie diese!
Welche Erfahrungen und Hoffnungen vermuten Sie hinter Simone Weils Gedanken?

Auf dem Frauenaltar von Candace Carter wird Simone Weil mit Camille Claudel dargestellt. Die Konfrontation der beiden Frauen kann intensiv nur geschehen, wenn wir uns mit ihnen auseinandergesetzt haben. Andrea Schweers hat eine kurze Biographie von Camille Claudel (1864–1943) geschrieben. (in: Duda/Pusch 1994, 146–173)
In dem mit Monika Jakobs und Annette Rembold herausgegebenen „Materialbuch für den Religionsunterricht" habe ich selbst einiges über Simone Weil zusammengestellt, das zur Einarbeitung hilfreich sein kann. (Jakobs/Löffler-Mayer/Rembold, Vater Gott und Mutter Kirche, 172, 174, 177–180) Die folgenden „Anregungen für unser spirituelles Leben" könnten als Abschluß eines Tages oder einer Einheit gefeiert werden, die sich mit dem Leben dieser beiden Frauen auseinandergesetzt hat. Alle Zitate entstammen der angegebenen Literatur.

Anregungen für unser spirituelles Leben:

Lied oder Gebet: „Ich hebe meine Augen auf zu den Bergen, woher kommt mir Hilfe" (Ps 121)

Stille Betrachtung des Bildes von Candace Carter, dann: Candace Carter hat Simone Weil dargestellt auf ihrem Frauenaltar: Sie reicht Werkzeuge an Camille Claudel. Simone Weil kniet auf dem Boden. Ihre Geste und die Werkzeuge sind ein Hinweis auf ihr Leben als Arbeiterin. Sie könnten Camille Claudel ermutigen weiterzuarbeiten. In der Person Simone Weil verbinden sich Mystik und Politik, Kampf und Kontemplation. Simone Weil ist im Prolog klein geworden für Gott – ganz offen. Sie läßt sich verwandeln. Welches Angebot verbindet sich damit für uns?

Gespräch

„Prolog
Er trat in mein Zimmer und sprach: ‚Elende, die nichts begreift, die nichts weiß. Komm mit mir, und dich will dich Dinge lehren, von denen du nichts ahnst.' Ich folgte ihm.
Er führte mich in eine Kirche. Sie war neu und häßlich. Er stellte mich dem Altar gegenüber und sprach zu mir. ‚Knie nieder!' Ich sprach zu ihm: ‚Ich bin nicht getauft worden.' Er sprach: ‚Falle auf die Knie vor diesem Ort mit Liebe wie vor dem Ort, an dem die Wahrheit existiert.' Ich gehorchte.
Wir verließen die Kirche, und ich mußte ihm in eine Dachkammer hinauf folgen; durch das offene Fenster sah man die ganze Stadt, einige Holzgerüste, den Fluß, auf dem man die Schiffe auslud. Er hieß mich niedersitzen.
Wir waren allein. Er sprach. Manchmal trat jemand herein, mischte sich in das Gespräch, dann ging er wieder.
Es war nicht mehr Winter. Es war noch nicht Frühling. Die Zweige der Bäume waren nackt, ohne Knospen, in einer kalten, sonnigen Luft.
Das Licht stieg auf, strahlte, wurde schwächer, dann kamen Mond und Sterne zum Fenster herein. Und wieder stieg das Morgenrot auf.

Manchmal schwieg er, nahm aus einem Wandschrank ein Brot, und wir teilten es miteinander. Dieses Brot hatte wahrhaft den Geschmack des Brotes. Ich habe diesen Geschmack nie wiedergefunden.
Er schenkte mir und schenkte sich Wein ein, der den Geschmack der Sonne und der Erde hatte, auf der diese Stadt erbaut war. Manchmal streckten wir uns auf dem Fußboden der Dachkammer aus, und die Süße des Schlummers sank auf mich herab. Dann erwachte ich, und ich trank das Licht der Sonne.
Er hatte mir versprochen, mich zu belehren, aber er lehrte mich nichts. Wir sprachen von allem und jedem, was uns gerade einfiel, wie alte Freunde tun.
Eines Tages sagte er zu mir: ‚Jetzt geh.' Ich fiel auf die Knie, ich schlang meine Arme um seine Beine, ich flehte ihn an, mich nicht zu verjagen. Aber er stieß mich auf die Treppe hinaus. Ich stieg die Stufen hinunter, ohne zu wissen, wie mir geschah, das Herz wie in Stücken. Ich ging in den Straßen. Dann bemerkte ich, daß ich gar nicht wußte, wo dieses Haus lag.
Ich habe niemals versucht, es wiederzufinden. Ich begriff, daß er mich aus Versehen aufgesucht hatte. Meine Stelle ist nicht in jener Dachkammer. Sie ist irgendwo in dem Kerker eines Gefängnisses, in einem jener bürgerlichen Salons voll Nippes und rotem Plüsch, in dem Wartesaal eines Bahnhofs. Irgendwo, nicht aber in jener Dachkammer.
Manchmal kann ich nicht anders: Ängstlich und mit schlechtem Gewissen wiederhole ich mir ein wenig von dem, was er zu mir gesagt hat. Wie soll ich wissen, ob ich mich dessen genau erinnere? Er ist nicht da, es mir zu sagen.
Ich weiß wohl, daß er mich nicht liebt. Wie könnte er mich lieben? Und doch, ganz innen ist etwas, ein Punkt meiner selbst, der es nicht lassen kann, mit Furcht und Zittern zu denken, daß er mich vielleicht, trotz allem, liebt." (Weil 1979, 147f)

Die Frauen sitzen im Kreis. Eine liest die Geschichte vor.

Nach einer kurzen Stille liest eine andere Frau den Text noch einmal vor. Jetzt liest jede Frau die Stellen laut mit, die sie besonders beeindruckt haben. Anschließend schreiben die Frauen zu dem Satz, der sie am meisten beeindruckt hat, ihre Gedanken auf.
Der Text wird ein drittes Mal gelesen. Jede Frau unterbricht, wenn ihre Stelle kommt, und teilt mit, was sie mitteilen möchte.

Jetzt könnte „Schweige und höre" gesungen werden – möglich auch als Zwischenvers nach jeder Fürbitte. (Himmel 78)

Eine Frau: Ich lasse Simone Weil sprechen: „Die Welt braucht Heilige, so wie die von einer Pestepedemie befallene Stadt Ärzte braucht. Wo es Not gibt, gibt es auch eine Verpflichtung." (Jakobs/Löffler-Meyer/Rembold 1995, 180) Und ich – wo ist meine Verpflichtung?

Wir formulieren Fürbitten

Eine Frau: Ich lasse Camille Claudel sprechen: „Ich bin wie ein Kohlkopf, von Raupen zerfressen, sobald ich ein Blatt austreibe, fressen sie es auf." Wo fühle ich mich so?

Wir formulieren Fürbitten

Eine Frau: Was ihre Mutter über Simone Weil gesagt hat: „Wenn Sie eine Tochter haben, ... so beten Sie darum, daß sie keine Heilige wird."
Wie fühle ich mich, wenn andere mich bewerten?

Wir formulieren Fürbitten

Eine Frau: Andrea Schweers sagt über Camille Claudel: „Camille Claudels Geschichte ist die einer Frau, die mit Mut und Eigensinn die Chancen einer Künstlerin ihrer Zeit genutzt hat, soweit die Bedingungen es ermöglichten und ihre Kraft sie trug. Es ist aber auch die Geschichte eines doppelten Vergessens – ihrer Person in einer Irrenanstalt und ihres Werkes auf den leerbleibenden Seiten einer an Frauen wenig interessierten Kunstgeschichtsschreibung. Die derzeitige Rekonstruktion ihrer nur in Bruchstücken überlieferten Biographie kann lediglich der Anfang sein." Wenn eine Frau eigensinnig ist, dann hat sie Sinn für sich selbst. Was hat dieser Sinn für sich selbst Camille Claudel „genutzt"?

Wir formulieren Fürbitten

Was wir von Simone Weil und Camille Claudel erfahren haben, hat uns wütend und verzweifelt sein lassen. Sie konfrontieren uns mit uns selbst. Candace Carter gestaltet Hoffnung. Lassen wir sie nicht untergehen.

Lied: z.B. „Mutter Geist" (Himmel 56)

In der Mitte werden Wein und Brot bereitgestellt.

Eine Frau: Wie Simone Weil in die Kirche geführt wurde, so wurden auch wir in eine Gemeinschaft aufgenommen.

Eine Frau: Kirche – Gemeinschaft derer, die mit mir an Gott glauben, Gemeinschaft der Freundinnen und Freunde Gottes.

Eine Frau: Frau-sein – Unser gemeinsames Geschlecht bedeutet nicht immer Solidarität. Aber: Wir sind Frauen. Unsere Geschichte ist die Geschichte von Frauen. Wir holen unsere Geschichte aus dem Verborgenen. Wir lassen sie uns nicht nehmen: Unsere Kraftquelle – die Erfahrung anderer Frauen.

Eine Frau: Nicht allein Taufe und Firmung lassen uns Christinnen sein.
Uns stärkt unsere Erfahrung, die Erfahrung von Jüdinnen und Christinnen von Jahrtausenden.

Eine Teilnehmerin reicht das Brot weiter:
Dieses Brot hat wahrhaft den Geschmack von Brot, wir teilen es miteinander. (Alle wiederholen diesen Satz beim Weitergeben des Brotes.)

Eine Frau reicht den Wein weiter:
Dieser Wein hat den Geschmack von Sonne und Erde, wir

teilen ihn miteinander. (Alle wiederholen diesen Satz beim Weitergeben des Weines.)

Lieder: „Ein Lied zu Brot und Wein" (Oosterhuis 1990, 144f) oder „Lied eines Messias" (Oosterhuis 1990, 146)

Segen:
Ich segne Euch als Freundinnen Gottes. Faßt Mut und öffnet Euch der Erfahrung des Geistes. Ihr habt den Geschmack von Brot und Wein geteilt. Ihr habt das Band der Gemeinschaft gespürt. Tragt Simone Weils und Camille Claudels Erfahrungen weiter, damit Frieden und Hoffnung in Eurer Gegenwart spürbar werden.

Simone Weil, Philosophin, Pazifistin und Theologin wird oft als „Heilige ohne Taufe" angesehen. Wie hat sie Gott erfahren? Sind ihre Vorschläge zur Errichtung des Weltfriedens noch aktuell? Ansätze zur Beantwortung dieser Fragen – und ihrer Bedeutung für uns.
Camille Claudel, Schwester Paul Claudels, bildende Künstlerin, abgeschoben in die Irrenanstalt, vergessen in der Kunstgeschichte.

10. Und ich – habe ich in dieser Auseinandersetzung mich selbst gefunden?

Bild: Erlöste Frauen

Gelöste Frauen – Frauen, die tanzen können, weil sie in Einklang mit sich selbst stehen. Die eine will uns begegnen, die andere blickt in die Ferne. Es ist eine Momentaufnahme – und gleich daneben, das Leid. Die Malerin drückt verschiedene Möglichkeiten aus, wie ihre Freundinnen mit Leid umgehen: Nicht dabei stehen bleiben, sich wieder lösen können vom Erlebten – Erlösung erfahren. Ein Hoffnungsbild.

Unser Nach-denken, das sich an verschiedenen Frauenleben orientiert hat, konnte uns selbst nicht aus dem Spiel lassen. Wir wurden auf vielfältige Weise mit uns selbst konfrontiert, unserer Vergangenheit, unseren Träumen und Wünschen und dem, was wir in unserem Leben daraus gemacht haben. Wir erfuhren Gottes Auftrag für uns in der Gemeinschaft der Glaubenden.
Mein Arbeitsbereich, die Frauen-seel-sorge, will alle drei Aspekte des Wortes ernst nehmen: Sie hat Frauen zur Zielgruppe – und es sind auch meistens Frauen, die in der Frauenseelsorge mit anderen Frauen arbeiten. Die Sorge wird eine gegenseitige, denn gemeinsam stellen wir uns unseren Wunden und gemeinsam hoffen wir. Wir teilen einander mit, was uns bedrückt – wir teilen miteinander. Männer können ihre Rolle spielen, wenn sie sich einlassen auf dieses Teilen. Sie werden ebenso schuldig wie wir, wenn sie die gegenseitige Sorge nicht wahr- und ernst nehmen. Frauenseelsorge und Frauenarbeit sollten ein Ort der Selbstentdeckung für mich und andere sein. Dann ist sie „Seel"-Sorge in einem ganzheitlichen Sinn. In der hebräischen Bibel wird als Seele der ganze Mensch verstanden – von diesem Seelenbegriff bin ich hier ausgegangen. Seele ist der Ort der Begegnung mit Gott. Dies entspricht dem jüdischen Begriff von Seele, wie ihn Silvia Schroer herausarbeitet:
„Doch das hebräische Wort, das mit ‚Seele' übersetzt wird, *nefesch* bedeutet eigentlich ‚Kehle'. Bei Kehle dachten die IsraelitInnen daran, daß sie ruft, krächzt, jodelt, begierig nach Luft schnappt, hungrig oder durstig Nahrung und Wasser verschlingt. Das konkrete Organ war zugleich ein Symbol für einen Aspekt menschlichen Lebens, nämlich für den bedürftigen, begehrenden, nach Leben lechzenden Menschen:
JHWH Gott gestaltete den Menschen als Staubwesen vom Ackerboden und blies in seine Nase Lebensodem; so wurde der Mensch eine lebendige Kehle *(nefesch)*. (Gen 2,7) ... Die *nefesch,* die Kraft des Begehrens, des sehnsüchtigen Verlangens, spielt in der Beziehung zwischen Mensch und Gott eine bedeutende Rolle. Im ‚Schma Jisrael', das JüdInnen bis heute beten, geht es um die innerste Empfindens- und Begehrensfähigkeit eines Menschen." (Schroer 1995, 168)

Seele ist also der ganze Mensch, nicht ein Teil des Menschen: „Die griechische *psyche* (Seele, I.L.) muß wandern, während die hebräische *nefesch* das gar nicht kann, weil sie mit dem Atemstillstand, dem Tod, erlischt.“ (Schroer 1995, 168)
In diesem Sinne möchte ich Seele und Seelsorge verstehen, wenn ich diesen Begriff verwende. Es geht letztlich um die Identität des Menschen, hier der Frau. Es ist ihr eigenes Tun, das sie zur mit sich selbst identischen Person werden läßt. „Der ganze Mensch muß in sich einverstanden sein nämlich Herz und Kopf und Hand und Mund.“ (Bettina Brentano, Günderode 526) Ihr Handeln schließt die Gnade Gottes ein, seine Antwort auf ihr Begehren, das Begehren der Menschen nach Beziehung.
Ich möchte noch einmal Hildegund Keul sprechen lassen, um unsere Schritte zurückzurufen. „Aber, wie wir von Brentano-Arnim lernen können: die Seele der Frau ist eine leidenschaftliche Tänzerin. Sie tanzt nach einer inneren Tanzmusik, die nur sie selbst hört, und sonst niemand. Will die Frau nicht abstürzen, braucht sie die Schwebe der Religion. Im Tanz läßt sie sich auf den Prozeß von Rückzug und Annäherung, Verweigerung und Berührung, Aufmerksamkeit und Phantasie ein.“ (Keul 1992, 378)
Als Schwebe der Religion versteht sie, daß wir nicht festgefahren und starr werden dürfen in unserem Glauben, sondern offen bleiben dafür, die Zeichen der Zeit zu erkennen, wie es Papst Johannes XXIII. ausgedrückt hat.
„Das Gelingen des Tanzes hängt von beidem ab: daß die Frau ein starkes Gefühl für sich selbst entwickelt, für ihren Körper und ihre Bewegungen, und ein Gefühl für die Beziehungen, die sie im Tanz herstellt, für den Raum, in dem sie lebt, und für diejenigen, die mit ihr tanzen. ... Die Tänzerin ist aufmerksam und phantasievoll, entschieden und konsequent. Ihr Tanz lebt von eigensinnigen Berührungen. Er wechselt zwischen Ruhe und Bewegung, Beständigkeit und Neuheit. ... Will sie nicht, daß ihr Tanz zum Alltagstrott verkommt, braucht sie Phantasie und Kreativität. Sie braucht die Freundin, die sie auf andere Ideen bringt, und die Berührung mit dem Apfelbaum, damit sie Kraft zum Widerstand findet.“ (Keul 1993, 378)

Gerade für heutige Frauenarbeit, die viel mit Tanz arbeitet, ist dieses Bild der Frau als Tänzerin das passende Bild. Von mir ausgehend, komme ich zu den anderen. In der Zusammenkunft mit den anderen werde ich wieder auf mich zurückgeworfen. Ich als Person bin gefragt. Meine verschärfte Wahrnehmung für mich selbst hilft mir, die anderen besser wahrzunehmen.
Doch dabei bleiben wir nicht stehen. Wir begegnen Gott als „Lebensmacht“, als Macht in der Berührung, durch die wir Kraft und Hoffnung erfahren. „Heil“ bleibt kein ferner Begriff, Heil wird erfahrbar. Aus der Mitte unseres Glaubens heraus, in der Begegnung mit Jesus Christus und aus dem Glauben an unsere je eigene Berufung – durch Taufe und Firmung – können wir jeden Tag neu als Christinnen leben. Wir stehen in einer Traditionslinie mit Frauen des Christen- und Judentums. Unsere Rolleneinschränkungen verletzen – aber nicht mehr so, daß wir ohnmächtig werden. Wir haben Kraft gewonnen aus der Gemeinschaft der lebenden und toten Jüdinnen und Juden, Christinnen und Christen, die offen sind für den Geist Gottes. Denn „es gibt nicht mehr Juden und Griechen, nicht Sklaven und Freie, nicht Mann und Frau; denn ihr alle seid ‚einer‘ in Christus.“ (Gal 3,28) Auch wenn ich hier nicht auf die Ostergeschichten eingegangen bin, so lebe ich doch aus der gleichen Hoffnung und mit dem gleichen Auftrag, den Märta Wilhelmsson aus Schweden ausdrückt:

„Vorbotinnen

Plötzlich fällt es mir
wie Schuppen von den Augen:

Frauen waren es,
die als erste die Osterbotschaft verkündeten –
die unglaubliche!

Frauen waren es,
die zu den Jüngern eilten,
die atemlos und verstört
die größte aller Nachrichten weitersagten.

Er lebt!

Stellt euch vor, die Frauen hätten
in den Kirchen Schweigen bewahrt!“

(nach: Evangelisches Missionswerk 1985, 74)

Anhang

Abkürzungen und Anmerkungen

Meine Abkürzungen betreffen nur die Werke von Bettina von (Brentano-)Arnim und sind entnommen aus Keul, Hildegund.
Die verschiedenen Schreibweisen von Günderode sind auf die verschiedenen Quellen zurückzuführen.
Wenn ich noch nicht übersetzte Bücher zitiert habe, wie „But she said" bzw. das Lektionar von Miriam Therese Winter, bzw. das Lied von Maggie Hamilton, so stammen die Übersetzungen von mir.
Alle Texte ohne AutorInnenangabe stammen von mir.

Verwendete Literatur

Achtnich, Elisabeth (Hg.), Frauen, die sich trauen, Lahr 1991 (Frauen in der Kirchengeschichte; Überblick über den Alltag der Frau in der jeweiligen Zeit; Kurzbiographie; Erzählung über Frauen)

Albrecht, Ruth, Art. Prophetin, Neues Testment, in: Gössmann, Elisabeth u.a. (Hg.), Wörterbuch der Feministischen Theologie, Gütersloh 1991, 332–335

Ausländer, Rose, Ich höre das Herz des Oleanders, Gedichte 1977–1979, Frankfurt a.M. 1984

Bechmann, Ulrike, Das Deboralied zwischen Geschichte und Fiktion. Eine exegetische Untersuchung zu Richter 5, St. Ottilien 1989

Bechmann, Ulrike u.a. (Hg.), Ideen und Informationen. Arbeitsheft zum Weltgebetstag 1995, Stein 1974

Bechmann, Ulrike, Prophetin Debora. Ein methodenkritischer Versuch zur Charakterisierung einer literarischen Figur, durchgeführt anhand von Ri 4 (unveröff. Diplomarbeit)

Brentano, Bettina, Goethes Briefwechsel mit einem Kinde. In: Werke und Briefe Bd. II, hg. von Walter Schmitz, Sibylle von Steinsdorff, Frankfurt a.M. 1972 (Bibliothek deutscher Klassiker 76) 9–571

Brentano, Bettina, Die Günderode. In: Werke und Briefe Bd. I, hg. von Walter Schmitz, Sibylle von Steinsdorff, Frankfurt a.M. (Bibliothek deutscher Klassiker 12) 295–746

Camenzind, Elisabeth/von den Steinen, Ulfa (Hg.), Frauen definieren sich selbst: Auf der Suche nach weiblicher Identität, Zürich 1991

Carter Heyward, Isabell, Und sie rührte sein Kleid an. Eine feministische Theologie der Beziehung, Stuttgart 1986

Carter, Candace, Interview zum Frauenaltar, in: Katechetische Blätter 119 (1994) 870–875

Des heiligen Augustinus Bekenntnisse. Lateinisch–Deutsch. Übertragen und eingeleitet von Hubert Schiel, Freiburg 1959 (Übersetzer/in des verwendeten Zitates leider nicht zu ermitteln)

Dorst, Brigitte, Die Bedeutung der Frauengruppen für die Identitätsentwicklung von Frauen, in: Camenzind, Elisabeth/von den Steinen, Ulfa (Hg.), Frauen definieren sich selbst: Auf der Suche nach weiblicher Identität, Zürich 1991

Duda, Sibylle/Pusch, Luise, Wahnsinnsfrauen. Elf biographische Portraits, Frankfurt 1994

„Du Eva, komm und sing dein Lied", Liederheft und Musikkassette zur Ökumenischen Dekade, Lieder von Dorle Schönhals–Schlaudt, Frankfurt 1993

Enzer-Probst, Brigitte/Renner, Rosemarie/Strack, Hanna, Frauenkirchenkalender 1996, Zorneding 1995

Enzner-Probst, Brigitte/Felsenstein-Roßberg, Andrea (Hg.), Wenn Himmel und Erde sich berühren. Lieder für Frauenliturgien, Gütersloh 1993. Das Liederbuch ist die Ergänzung des thematisch sehr gut aufgebauten Buches zur Vorbereitung von Frauenliturgien. (Kurztitel: Himmel)

Evangelisches Missionswerk/Weltgebetstag der Frauen (Hg.), Wir sind keine Fremdlinge mehr. Frauen halten Gottesdienst. Ein Werkstattbuch, Stein 1985

Evangelisches Missionswerk in Südwestdeutschland, Ghana. Fakten, Bilder, Aspekte, Stuttgart 1994

Fatum, Lone, Schriftauslegung zwischen Zueignung und Ablehnung, Referat am 3.6.1995 beim Wochenende „Spiritualität und Autorität der Bibel: 100 Jahre Women's Bible" vom 2.–4.6.1995 in Gelnhausen

Frauen und Kirche. Eine Repräsentativbefragung von Katholikinnen im Auftrage des Sekretariats der Deutschen Bischofskonferenz, durchgeführt vom Institut für Demoskopie Allensbach, Bonn 1993

Geschichte der Frauen. Antike, Schmitt Pantel, Pauline (Hg.), Frankfurt 1993

Gössmann, Elisabeth u.a. (Hg.), Wörterbuch der Feministischen Theologie, Gütersloh 1991

Große Frauen der Bibel in Bild und Text mit Beiträgen von Herbert Haag, Joe H. Kirchberger, Dorothee Sölle (Hg.), Freiburg [2]1993

Günderrode, Caroline von, Der Schatten eines Traumes. Gedichte,

Prosa, Briefe, hg. von Christa Wolf, Basel [3]1989
Halkes, Catharina J.M., Suchen, was verloren ging: Beiträge zur feministischen Theologie, Gütersloh 1985
Hamilton, Maggie, Celebrating Life. Kassette und Noten, London 1995
Hauser, Theresia (Hg.), Grenzerfahrungen. Das Thema 20 (Nov. 1977)
Hauser, Theresia, Mit Augen der Hoffnung. Deine Kraft liegt in der Zuversicht, München 1994
Hauser, Theresia (Hg.), Wie geht es mir mit meinem Glück? Das Thema 18/19 (Nov. 1976)
Hauser, Theresia (Hg.), Zur Sprache zur Welt zu sich kommen. Das Thema 24 (1982)
Jäger, Johanna, Wenn eine Frau erwachsen wird, in: Nennt uns nicht Brüder! Frauen in der Kirche durchbrechen das Schweigen, Stuttgart 1985, 195–201
Jakobs, Monika, Frauen auf der Suche nach dem Göttlichen. Die Gottesfrage in der feministischen Theologie, Münster 1993
Jakobs, Monika/Löffler-Mayer, Irene/Rembold, Annette, Vater Gott und Mutter Kirche. Bausteine für den Religionsunterricht, Münster 1995
Jannberg, Judith/Schilcher, Gerlinde Adia, Ich bin eine Hexe. Erfahrungen und Gedanken. Aufgeschrieben von Gisela Meussling, Bonn 1983
Jensen, Anne, Gottes selbstbewußte Töchter. Frauenemanzipation im frühen Christentum, Freiburg 1992
Karkutli, Dietlinde, Das Bauchtanzbuch, Hamburg 1983
Katholische Frauengemeinschaft Deutschland, Frauen auf dem Wege. Neue geistliche Lieder, Düsseldorf 1994 (auch MC und CD)
Katholische Frauengemeinschaft Deutschland (Hg.), Freispruch für Eva. Christliche Frauenlieder. Texte von Christa Peikert-Flaspöhler, Düsseldorf 1987
Keul, Hildegund, Menschwerden durch Berührung: Bettina Brentano-Arnim, als Wegbereiterin für eine feministische Theologie, Frankfurt 1993
Klein, Stefanie, Theologie und empirische Biographieforschung: methodische Zugänge zur Lebens- und Glaubensgeschichte und ihre Bedeutung für eine erfahrungsbezogene Theologie, Stuttgart u.a.O. 1994
Klotz, Verena, „Mit dir, statt gegen dich". Ein feministisch-theologischer Beitrag zur relationalen Selbstvergewisserung der Frauen in einer androzentrischen Kultur, Frankfurt 1990
Kolpingwerk (Hg.), Troubadour für Gott, Würzburg [2]1991

„Komm Ruach“. Texte, Lieder, Gebete und ein bißchen Zoffiges, zusammengestellt von Dorle Schönhals-Schlaudt für die Feministische Liturgiewerkstatt 1994 in Gelnhausen, Frankfurt 1995
Kummer, Irene, Ich bin die Frau, die ich bin. Eine lebendige Beziehung zu sich und anderen finden, München 1991a
Kummer, Irene, Leibhaft Frau sein – körperbezogene Individualpsychologie als Modell für die therapeutische Arbeit mit Frauen, in: Camenzind, Elisabeth/von der Steinen, Ulfa, Frauen definieren sich selbst. Auf der Suche nach weiblicher Identität, Zürich 1991b, 115–136
Kumpf, Elisabeth, Art. Renatus, in: Antenne. Zeitschrift der internationalen Bewegung christlicher Frauen (1, 1992) 13
Libreria delle Donne di Milano, Wie weibliche Freiheit entsteht: Eine neue politische Praxis, München ^{3}1991
Lissner, Anneliese (Hg.), Du läßt Dich finden in uns selbst, Freiburg 1966
Maaßen, Monika/Schaumberger, Christine (Hg.), Handbuch Feministische Theologie, Münster 1986
Maaßen, Monika, Biographie und Erfahrung von Frauen. Ein feministisch-theologischer Beitrag zur Relevanz der Biographieforschung für die Wiedergewinnung der Kategorie der Erfahrung, Münster 1993
Meissner, Angelika (Hg.), Und sie tanzen aus der Reihe. Frauen im Alten Testament, Stuttgart 1992
Mitscha-Eibl, Claudia, „Und Miriam schlug auf die Pauke“, „Lust und Liebe“, Wien/Kornneuburg 1992/1995
Moltmann-Wendel, Elisabeth, Ein eigener Mensch werden. Frauen um Jesus, Gütersloh 1980
Mulack, Christa, Jesus, der Gesalbte der Frauen. Weiblichkeit als Grundlage christlicher Ethik, Stuttgart 1987
Mulieris dignitatem. Apostolisches Schreiben von Papst Johannes Paul II. über die Würde und Berufung der Frau vom 15. August 1988
Neu, Diann, Die Fäden des Lebens von Frauen weben, in: Leistner, Herta (Hg.), Das Ende der Bescheidenheit. Frauen machen Kirche weit. Netzwerke auf dem Weg zu einer Frauensynode, Materialien 2, Bad Boll 1991, 61–66
Niggl, Gilbert, Glaube, eine Bewegung über unser Leben hinaus, in: Das Thema 20 (1977), 106–109
Ökumenisches Frauenliederbuch, hg. für die ökumenische Frauenbewegung Zürich von Lilo Schmidt und Susamme Kramer-Friedrich, Zürich 1990
Oldfield, Sybill, Frauen gegen den Krieg. Alternativen zum Milita-

rismus 1900–1990, Frankfurt 1992
Oosterhuis, Huub, Wort, das trägt. Biblische Lieder und Gebete, Düsseldorf 1990
Pahnke, Donate/Sommer, Regina, Göttinnen und Priesterinnen: Facetten feministischer Spiritualität, Gütersloh 1995
Pahnke, Donate, Rituale in der feministischen Spiritualität, in: Pahnke, Donate/Sommer, Regina, Göttinnen und Priesterinnen: Facetten feministischer Spiritualität, Gütersloh 1995, 114–135
Peikert-Flaspöhler, Christa, Jahreszeiten, Lebenszeiten. Gedichte, Erzählungen, Betrachtungen, Düsseldorf 1994
Peikert-Flaspöhler, Christa, Heute singe ich ein anderes Lied: Frauen brechen ihr Schweigen, Stuttgart 1992, 45f
Pfülf, Otto (Hg.), Aus Bettinas Briefwechsel, in: Stimmen aus Maria Laach 64 (1903), I 437–454, II 564–573; 65 (1903), 74–88
Praktisches Bibellexikon, Freiburg u.a.O. [10]1969
Pusch, Luise, Alle Menschen werden Schwestern. Feministische Sprachkritik, Frankfurt 1990, 236–238
Rembold, Annette, „Und Mirijam nahm die Pauke in die Hand, eine Frau prophezeit und tanzt einem anderen Leben voran.“ Das Alte Testament – feministisch gelesen, in: Maaßen, Monika/Schaumberger, Christine (Hg.), Handbuch Feministische Theologie, Münster 1986, 285–298
Ruether, Rosemary Radford, Frauenbilder – Gottesbilder, Gütersloh 1988a
Ruether, Rosemary Radford, Unsere Wunden heilen, unsere Befreiung feiern. Rituale in der Frauenkirche, Stuttgart 1988b
Schaumberger, Christine, Bibel, in: Gössmann, E. u.a. (Hg.), Wörterbuch der feministischen Theologie, Gütersloh 1991, 54–57
Schmidt, Eva Renate u.a. (Hg.), Feministisch gelesen. Bd. I und II (Stuttgart 1988 und 1989)
Schmidt-Biesalski, Angelika (Hg.), Befreit zu Rede und Tanz. Frauen umschreiben ihr Gottesbild, Stuttgart 1989, 138–147
Schönhals-Schlaudt, Dorle/Projektgruppe Ruth (Hg.), Das Buch Ruth. Eine Weg-Beschreibung mit Texten, Liedern, Tänzen und Gebeten, Frankfurt 1994
Schottroff, Luise, Lydias ungeduldige Schwestern: Feministische Exegese, Forschungserträge zur Bibel aus der Perspektive von Frauen, Darmstadt 1995
Schroer, Silvia, „Von der Kehle zur Seele“, in: Schroer, Silvia/Schottroff, Luise/Wacker, Marie-Theres, Feministische Exegese. Forschungserträge zur Bibel aus der Perspektive von Frauen, Darmstadt 1995, 168–169
Schulenberg, Andrea, „Ich machte mich auf die Findung und ließ

mich finden...“, in: Diakonia (4. Juli 1995) 254–261
Schulenberg, Andrea, Feministische Spiritualität: Exodus in eine befreiende Kirche?, Stuttgart 1993
Schüssler Fiorenza, Elisabeth, Zu ihrem Gedächtnis...: eine feminstisch-theologische Rekonstruktion der christlichen Ursprünge, München/Mainz 1988, v.a. 137
Schüssler Fiorenza, Elisabeth, But she said. Feminist practices of biblical interpretation, Boston 1992, v.a. 199ff
Schütz, Wilhelm Ignatius, Ehren-Preiß Deß Hochlöblichen Frauen-Zimmers 1663, in: Gössmann, Elisabeth (Hg.), Das wohlgelahrte Frauenzimmer, München 194, 54–70
Schweers, Andrea, Camille Claudel (1864–1934), Begegnung mit einer Vergessenen, in: Duda, Sibylle/Pusch, Luise, Wahnsinnsfrauen. Elf biographische Portraits, Frankfurt 1994, 146–183
Sekretariat der Deutschen Bischofskonferenz (Hg.), Zu Fragen der Stellung der Frau in Kirche und Gesellschaft, Die Deutschen Bischöfe 21 (Sept. 1981)
Sleevi, Mary Lou, Women of the Word (Notre Dame: Ave Maria Press 1989), 51ff
Sölle, Dorothee/Schottroff, Luise, Die Erde gehört Gott. Texte zur Bibelarbeit mit Frauen, Reinbeck 1985
Sommer, Norbert (Hg.), Nennt uns nicht Brüder! Frauen in der Kirche durchbrechen das Schweigen, Stuttgart 1985. Diesem Buch liegt eine Sendereihe des Saarländischen Rundfunks zugrunde.
Strack, Hanna, Segen. Herberge in unwirtlicher Zeit, Zorneding 1993
Strack, Hanna, Kanzelschwalben werden Zaunköniginnen. Frauenliturgien als Anzeichen einer Metamorphose des Christentums, in: Pahnke, Donate/Sommer, Regina, Göttinnen und Priesterinnen: Facetten feministischer Spiritualität, Gütersloh 1995, 98–113
Sudbrack, Josef, Wo der Mensch ganz anwesend ist, in: Das Thema 24 (1982) 112
Theresa von Avila, „Ich bin ein Weib – und obendrein kein gutes“, Freiburg 1983
Thürmer-Rohr, Christina, Mittäterschaft der Frau – Analyse zwischen Mitgefühl und Kälte, in: Mittäterschaft und Entdeckungslust, hg. v. Studienschwerpunkt „Frauenforschung“ am Inst. für Sozialpädagogik der TU Berlin, Berlin 1990, 87–102
Trömel-Plötz, Senta, Vatersprache, Mutterland. Beobachtungen zu Sprache und Politik, München 1992, darin 189f Auswahlbibliographie der Autorin
Trömel-Plötz, Senta, Rollenveränderung durch Sprachveränderung? Was sich ändern kann, wenn Frauen und Männer anders spre-

chen, hg. v. der Hauptabteilung Gemeindearbeit – Referat Alleinerziehende und Referat Familienarbeit im Bischöflichen Generalvikariat Aachen, Aachen o.J.
Vorstand der Arbeitsgemeinschaft Frauenseelsorge (Hg.), Anmerkungen zu einer Allensbacher Repräsentativuntersuchung. Frauen und Kirche. Impulse für die Pastoral, Düsseldorf 1994
Voss-Goldstein, Christel, Aus Ägypten rief ich meine Töchter. Feministische Theologie praktisch, Düsseldorf 1988
Voss-Goldstein, Christel (Hg.), Abel, wo ist Deine Schwester? Fraugebete, Düsseldorf 1987 (^{3}1991)
Wacker, Marie-Theres (Hg.), Theologie feministisch: Disziplinen – Schwerpunkt – Richtungen, Düsseldorf 1988
Wacker, Marie-Theres, Hulda, in: Schmidt, Eva u.a. (Hg.), Feministisch gelesen Bd. 1, Stuttgart 1988, 91–99
Walker, Alice, Horses make a landscape look more beautiful (New York: Harcourt Brace Jovanovich, Harvest Books 1986), 1–2
Wartenberg-Potter, Bärbel von, Was sucht ihr den Lebendigen bei den Toten?, in: Schmidt-Biesalski, Angelika (Hg.), Befreit zu Rede und Tanz. Frauen umschreiben ihr Gottesbild, Stuttgart 1989, 43–52
Weil, Simone, Zeugnis für das Gute. Traktate, Briefe, Aufzeichnungen, Olten 1979
Westermann, Claus, Schöpfung, Stuttgart 1983
Wilpert, Gero von, Deutsches Dichterlexikon. Biographisches-bibliographisches Handwörterbuch zur deutschen Literaturgeschichte, Stuttgart 1976
Winter, Miriam Therese, Woman Wisdom: a feminist lectionary and psalter: women of the Hebrew scriptures. Part One, New York 1991a
Winter, Miriam Therese, Woman Word: a feminist lectionary and psalter: women of the New Testament, New York 1991b, alle drei Bände sind illustriert von Meinard Craighead
Winter, Miriam Therese, Woman Witness: a feminist lectionary and psalter: women of the Hebrew scriptures. Part Two, New York 1992
Wolf, Christa, Nachdenken über Christa T., Neuwied, Berlin ^{11}1978
Wöller, Hildegunde, Dem Patriarchat sterben, in: Sommer, Norbert (Hg.), Nennt uns nicht Brüder! Frauen in der Kirche durchbrechen das Schweigen, Stuttgart 1985, 188–194
Wuckelt, Agnes/Kurz, Helmut, Von gestern – Für heute, München 1992 (4 Hefte, 1 Handreichung: 1 Heft zu Frauen und Männer in der Bibel, eines zu Jesus, eines zur Schöpfung und eines zur Angst)
„Zur Sprache zur Welt zu sich kommen“, in: Das Thema 24 (1982), München 1981

Quellennachweis

Seite 29: Claudia Mitscha-Eibl, Abschied vom himmlischen Vater, aus : CD „Lust und Liebe". Rechte bei Claudia Mitscha-Eibl, Albrechtsgasse 2/15, A-2100 Korneuburg

Seite 64: Sei selbst-süchtig..., aus: Judith Jannberg/Gerlinde Adia Schilcher, Ich bin eine Hexe. Erfahrungen und Gedanken. Aufgeschrieben von Gisela Meussling, Verlag Gisela Meussling, Bonn 1983

Seite 86: Segen, aus: Frauenkirchenkalender 1996, Hanna Strack Verlag, Zorneding, S. 28

Seite 94: Christel Voss-Goldstein, Es steht geschrieben, aus: dies., Abel, wo ist deine Schwester?, Patmos Verlag, Düsseldorf [3]1991, S. 114. Rechte bei der Autorin

Seite 115: Rose Ausländer, Ruth, aus: dies., Ich höre das Herz des Oleanders, Gedichte 1977-1979. © 1984 S. Fischer Verlag GmbH, Frankfurt am Main

Seite 137: Elsa Tamez, Tischgebet, aus: Frauenkirchenkalender 1996, Hanna Strack Verlag, Zorneding, S. 72

Seite 154: Hanna Strack, Gottes Segen komme zu uns Frauen, aus: dies., Segen-Herberge in unwirtlicher Zeit, Hanna Strack Verlag, Zorneding, S. 49

Seite 165: Simone Weil, Er trat in mein Zimmer, aus: dies., Zeugnis für das Gute, Walter-Verlag, Olten und Freiburg 1979, S. 147f. Rechte bei Friedhelm Kemp

Bestelladressen für Arbeitsmaterialien

Arbeitsstelle für Frauenseelsorge der Deutschen Bischofskonferenz, Pf 32 06 40, 40421 Düsseldorf, Tel.: 0211/44992-0; Fax: 0211/4499259
Dort erhältlich:

- Vorstand der Arbeitsgemeinschaft Frauenseelsorge (Hg.), Frauen und Kirche. Anmerkungen zu einer Allensbacher Repräsentativuntersuchung. Impulse für die Pastoral; DM 1,–

Beratungsstelle für Gestaltung, Eschersheimer Landstr. 565, 60431 Frankfurt, Tel.: 069/5302246; Fax: 069/5302281
Dort erhältlich:

- Schönhals-Schlaudt, Dorle/Projektgruppe Ruth (Hg.), Das Buch Ruth. Eine Weg-Beschreibung mit Texten, Liedern, Tänzen und Gebeten (Frankfurt 1994)
- „Du Eva, komm sing dein Lied", Liederheft und Musikkassette zur Ökumenischen Dekade, Lieder von Dorle Schönhals-Schlaudt (Frankfurt 1993)
- „Komm Ruach". Texte, Lieder, Gebete und ein bißchen Zoffiges, zusammengestellt von Dorle Schönhals-Schlaudt für die Feministische Liturgiewerkstatt 1994 in Gelnhausen (Frankfurt 1995)

Deutscher Katecheten-Verein e.V., Preysingstraße 83c, 81667 München, Tel.: 089/48092-242
Dort erhältlich:

- Materialbriefe Folien 2/92, Gottesbilder; 2/94 Biblische Frauengestalten

Evangelisches Missionswerk in Südwestdeutschland, Vogelsangstr. 62, 70197 Stuttgart
Dort erhältlich:

- Ghana. Fakten, Bilder, Aspekte (Stuttgart 1994)

Geschäftsstelle der Arbeitsgemeinschaft Frauenseelsorge Bayern, Dachauer Str. 50, 80335 München, Tel.: 089/595503; Fax: 089/553588
Dort erhältlich:

- Farbdrucke des Frauenaltars von Candace Carter
- Farbfoto: Beginen in St. Peter am Perlach, Augsburg
- Tanz von Tulay zu Lied 9, auf: „Lust und Liebe" von Claudia Mitscha-Eibl
- Verzeichnis der Arbeitshilfen, z.B. Sammlung von Bildern zur Begegnung Maria und Elisabet, Meditationen, Gottesdienstentwürfe, Predigten

- Fatum, Lone, Schriftauslegung zwischen Zueignung und Ablehnung, Referat am 3. 6. 1995 beim Wochenende „Spiritualität und Autorität der Bibel: 100 Jahre Women's Bible“ vom 2.–4. 6. 1995 in Gelnhausen
- Kopie des Interviews mit Candace Carter über ihren Frauenaltar aus den Katechetischen Blättern

Geschäftstelle des Weltgebetstages der Frauen, Deutsches Komitee, Schriftversand des Bayerischen Mütterdienstes, Deutenbacher Str. 1, 94547 Stein, Tel.: 0911/6806-156–158; Fax: 0911/6806177
Dort erhältlich:

- Bechmann, Ulrike u.a. (Hg.), Ideen und Informationen. Arbeitsheft zu den Weltgebetstagen der Frauen 1995, gute Gottesdienstideen und Vorschläge zur Bibelarbeit

Hanna Strack-Verlag, Pf 11 05, 85600 Zorneding, Telefon und Fax: 08106/20958
Dort erhältlich:

- Enzer-Probst, Brigitte/Renner, Rosemarie/Strack, Hanna, Frauenkirchenkalender 1996, Zorneding 1995
- Strack, Hanna, Segen, Herberge in unwirtlicher Zeit, Zorneding 1993

Lehrhaus und Liturgie (c/o Bernhard Krechting), Pf 28 42, Osnabrück
Dort erhältlich:

- CD oder Musikkassette und Noten für Gesang und Orgel zu: Licht und Atem. Gesänge für die Liturgie, gesungen von der Schola der Kleinen Kirche, Osnabrück, Teil 2 (Osnabrück 1992)

Mitscha-Eibl,Claudia, Albrechtsgasse 2/15, A-2100 Kornneuburg, Tel.: 02262/64319
Dort erhältlich:

- Mitscha-Eibl, Claudia, „Und Miriam schlug auf die Pauke“, „Lust und Liebe“. CD oder MC mit Textheften

Supporter Relations, Christian Aid. PO Box 100 London SE 1 7RT
Dort erhältlich:

- Hamilton, Maggie, Celebrating Life: Kassette/Noten (London 1995)

Verlag Musikhaus Pan AG, CH-8075 Zürich, Pf 176
Dort erhältlich:

- Ökumenisches Frauenliederbuch, hg. für die ökumenische Frauenbewegung Zürich von Lilo Schmidt und Susanne Kramer-Friedrich, Illustrationen von Eva Messmer (Zürich 1990), pan 908